Titus Burckhardt

Sufismus
Einführung in eine Sprache der Mystik

Titus Burckhardt

Sufismus

Einführung in eine Sprache der Mystik

Chalice Verlag

Die deutsche Erstausgabe erschien
1953 im Otto-Wilhelm-Barth-Verlag, München,
unter dem Titel *Vom Sufitum*

Eine stark erweiterte französische Erstausgabe erschien
1955 in Algier und 1969 bei Dervy-Livres, Paris,
unter dem Titel *Introduction aux doctrines ésotérique de l'Islam*

»Der andere Scheich Ibrahim – Ein Portrait
des Basler Mystikers Titus Burckhardt« von Beat Stauffer
erschien am 16. Januar 1999 in der *Basler Zeitung*

© World Wisdom
P.O. Box 2682, Bloomington, IN 47402, USA
www.worldwisdom.com

Deutsche Übersetzung der zusätzlichen Kapitel
aus der französischen Erstausgabe
© Irene Hoening 1989

Seiten 125–137
© Beat Stauffer 1999, 2018

Alle Rechte vorbehalten

Umschlagbild und Frontispiz: Fotolia / evso
Buchgestaltung: Robert Cathomas
Herstellung: Books on Demand GmbH
Printed in Germany

ISBN 978-3-942914-27-7

Inhalt

* Diese Kapitel stammen aus der erweiterten französischen Ausgabe von 1969 und wurden ins Deutsche übersetzt von Irene Hoening.

TITUS BURCKHARDT · SUFISMUS

Zur englischen Ausgabe von 2008

Von William C. Chittick

ES FREUT MICH SEHR, DASS DER VERLAG WORLD WISDOM sich entschlossen hat, Titus Burckhardts kleinen Klassiker über den Sufismus neu herauszugeben, der 1959 in einer Übersetzung aus dem Französischen erstmals auf Englisch erschien. Das Buch war für mich sehr bedeutsam, als ich es vor vierzig Jahren als junger Student entdeckte. Ich hatte die orientalische Standardliteratur über den Sufismus gelesen und bildete mir ein, mich in dem Thema recht gut auszukennen. Dieses Büchlein bremste mich auf der Stelle.

Titus Burckhardt (1908–1984) war ein produktiver Autor, doch nur wenige seiner Schriften belegen seine intimen Kenntnisse der Sufi-Theorie und -Praxis so deutlich wie diese, seine erste längere Studie zu islamischen Themen nach seiner Initiation in den Darqāwi-Sufi-Orden im Jahr 1934 in Marokko. Er war ein vielseitig gebildeter und begabter Gelehrter, dessen breites Wissen in diesem Buch aufleuchtet. Es wird dadurch besonders wertvoll für all jene, die in der intellektuellen Tradition oder den Religionen des Westens zuhause sind, während es andererseits Menschen verwirren mag, die fest im Islam verankert und mit den Ansätzen anderer Weisheitstraditionen weniger vertraut sind.

Heutzutage haben wir Zugang zu einer erstaunlich mannigfaltigen Literatur über den Sufismus, die teilweise derart unterschiedlich ist, dass sich ihr gemeinsamer Nenner oft nur schwer ausmachen lässt. Die akademischen Werke haben häufig den Vorteil, dass sie die tiefe Verwurzelung des Sufismus in der islamischen Tradition deutlich herausstellen. Die von Praktikern geschriebenen Bücher hingegen füllen ein weites Spektrum: Im einen Extrem grenzen gewisse Enthusiasten den Sufismus kaum noch von der Kabbala, der christlichen Mystik oder einem New-Age-Mischmasch ab, während andere behaupten, die Lehren traditioneller Sufi-Orden zu präsentieren. Letzteres tun zwar einige Autoren tatsächlich, doch geht manchmal vieles in der Übersetzung verloren – und damit meine ich nicht nur die Übertragung von einer Sprache in eine andere, sondern auch die Verpflanzung von einer kulturellen Matrix in eine andere.

Ich möchte hier jedoch nicht versuchen, die unterschiedlichen Arten von Literatur über den Sufismus zu klassifizieren, sondern vielmehr aufzeigen, inwiefern sich die Studie von Titus Burckhardt davon abhebt. Die meisten im Westen bekannten Formen des Sufismus und des Quasi-Sufismus legen großes Gewicht auf die Liebe. Das ist richtig und gut, und selbst Titus Burckhardt weist darauf hin, dass Muhyīddīn Ibn 'Arabī – der »größte Meister« der Sufi-Theorielehre – die Liebe zum wichtigsten Punkt der Angelegenheit erklärt. Gleichzeitig jedoch muss Liebe ergänzt werden durch Wissen und Verständnis. Wer mit den großen spirituellen Lehren der Menschheit vertraut ist, weiß sehr wohl, dass diesen stets die genauen Kenntnisse der Doktrin, der Riten und der sittlichen Vorschriften zugrunde gelegt wurden. Die mögliche Transformation der Seele bezieht ihre Vitalität, Kraft und Wirksamkeit aus klarer Einsicht und richtigem Verstehen. Sogar eine Tradition wie das Zen, das dazu rät, alle Bücher wegzuwerfen, hat Bände über Bände hervorgebracht, um uns zu erklären, weshalb Bücher nutzlos sind.

Innerhalb des Islams war der Sufismus schon immer ein Inspirationsquell für eine große Bandbreite an Schriften, die alle tief verankert sind in der überlieferten Lehrtradition. Die Scheichs und spirituellen Führer kannten den Koran, die Hadithe (die Worte des Propheten), die Rechtswissenschaft, die Theologie und häufig weitere islamische Wissenschaften. Sie schrieben Populärliteratur für die Ungebildeten und auch äußerst gelehrte Bücher über theologische Fragen und Themen wie Metaphysik, Kosmologie, spirituelle Psychologie, die Stufen des spirituellen Wachstums und die innere Bedeutung des Gesetzes. Ebenso schufen sie einen Großteil der besten und beliebtesten Poesie der islamischen Sprachen – Rūmī ist bei Weitem kein isoliertes Beispiel.

Mit anderen Worten wurzelte der Sufismus, so wie andere Zweige der islamischen Lehre, in einer Tradition der Gelehrsamkeit und des Studiums. Besser als Gelehrte auf anderen Feldern wussten die Sufis jedoch, dass das Lernen nur ein Werkzeug, kein Selbstzweck ist. Auch war ihnen bewusst, dass man, abgesehen von sehr seltenen Ausnahmen, auf dem Weg zu Gott nicht vorankommt, ohne sich dieses Werkzeug zumindest in Grundzügen anzueignen. Natürlich tut Gott, was Er will, und dazu haben wir nichts zu sagen; zudem ist gemäß dem sufischen Sprichwort »ein Zug am Seil vonseiten Gottes gleichbedeutend mit all den guten Werken von Menschen und Dschinns.« Aber die Sufi-Meister verstanden dennoch, dass Gott im Großen und Ganzen jene zu Sich zu ziehen pflegt, die sich anstrengen, dem Pfad des Propheten und der Scheichs zu folgen. Sie erinnern uns daran, dass Sein Ziehen sich insbesondere in unserem Verlangen zeigt, mehr über Ihn, Seine Propheten, Seine Schriften und den Weg zu Ihm zu erfahren. Die Suche der Suchenden ist das Zeichen der Zugkraft des Ziehenden. Wie der Koran sagt, »liebt Er sie, und sie lieben Ihn« (5:54). Die Reihenfolge ist kein Zufall – die Liebe Gottes geht der Anstrengung der Suchenden voraus.

Besonders anregend bei meiner ersten Lektüre von Titus Burckhardts Darlegung des Sufismus waren für mich die Ernsthaftigkeit seiner Absicht und sein Respekt gegenüber der traditionellen Lehre, die mir der ungeheuren Aufgabe irgendwie angemessen erschienen, welche die Sufis sich selbst setzen – bereits in diesem Leben zur Begegnung mit Gott zu gelangen. Intellektuell war Burckhardt weit herausfordernder als die orientalische Literatur, die ich bis dahin gelesen hatte, und auch viel sättigender. Sein Hauptfokus liegt auf Ibn ʿArabī und macht sein Buch damit zu einem der ersten Werke in einer westlichen Sprache, die von einem Autor verfasst wurden, der nicht nur mit dessen Schriften vertraut war, sondern auch den aktiven Versuch unternommen hat, seine Lehren in die Praxis umzusetzen. Ich glaube, ich spreche nicht nur für mich selbst, wenn ich behaupte, den ersten wirklichen Geschmack von Ibn ʿArabī aus diesem Buch erhalten zu haben, und es spielte eine bedeutende Rolle in der Wahl seiner Denkschule als Thema meiner Dissertationsarbeit.

Wenn ich das Buch heute, nach vielen Jahren wieder lese, möchte ich anmerken, dass mir Titus Burckhardt in einigen seiner Interpretationen von Ibn ʿArabīs Lehre als etwas allzu kategorisch erscheint. Ich selbst bedurfte zwanzig Jahre des Studiums, um zu erkennen, dass man Ibn ʿArabī nie festnageln kann. Er verändert unablässig seinen Blickwinkel, besonders in seinen monumentalen *al-Futūḥāt al-Makkiyya* [den »Mekkanischen Eröffnungen«]; was er an der einen Stelle sagt, mag sehr wohl davon abweichen, was er andernorts schreibt, oder dem gar widersprechen. Nichtsdestotrotz legt Titus Burckhardt hier eine sehr gelungene Arbeit vor, welche die Bedeutung des Sufi-Weges darstellt und gleichzeitig aufzeigt, wie sehr die großen Lehrer sich über die Relativität ihrer eigenen Ansichten im Klaren waren. Im Gegensatz zu den Theologen und Rechtsgelehrten haben sie stets versucht, dogmatische Knoten in der Seele zu lösen. Sie haben alles in ihrer Macht Stehende unternommen, um ihre Schüler davor zu bewahren, in Wort und Ausdruck steckenzubleiben, und sie zu ermutigen, hinter die Begriffe in die unsichtbare Wirklichkeit des Gesagten zu schauen.

Gemäß allgemeiner Ansicht der Sufis haben Wörter und ihre Bedeutungen so ziemlich dieselbe Beziehung wie Körper und Geist. Der Geist wohnt in den Tiefen unserer Seele und muss verwirklicht werden, was ohne unsere Verkörperung jedoch niemals möglich wäre. In ähnlicher Weise werden Lehrformeln zurückgelassen, wenn man zum Grundbewusstsein des Herzens gelangt, doch vermögen sie auf dem Weg dahin das Herz ohne prophetische Führung nicht aufzudecken. Diese Führung entfaltet sich genau aus der Theorie und der Praxis, die in den Schriften und der Moral der großen Lehrer der Vergangenheit verkörpert ist.

Mit der für ihn typischen Präzision unterstreicht Titus Burckhardt die Relativität der Doktrin zu Beginn von Teil III des Buches. An dieser wie an so vielen anderen Stellen scheint seine große Vertrautheit mit dem Sufismus hervor. Sie liefert eine genaue Zusammenfassung der von ihm dargestellten Sufi-Lehre:

> Die Göttliche Wirklichkeit ist zugleich Wissen und Sein: Wer sich ihr nähern will, muss nicht nur die Unwissenheit und die Unbewusstheit überwinden, sondern auch das Inanspruchgenommensein des Geistes von einem rein theoretischen Wissen und anderen »Irrealitäten« dieser Art. Aus diesem Grund haben viele Sufis, unter ihnen die hervorragendsten Vertreter der Gnosis wie Muhyīddīn Ibn ʿArabī und Omar Chayyām, den Vorrang der Tugend und der Sammlung vor dem lehrlichen Wissen betont; die wahrhaft Erkennenden sind die Ersten, die Bedingtheit jeder theoretischen Aussage anzuerkennen.

William C. Chittick ist Professor für Religionswissenschaft und asiatisch-amerikanische Studien an der State University New York, Stony Brook, sowie Autor und Übersetzer von über zwei Dutzend Werken über islamische Mystik und Philosophie. Er gilt als Experte für Lehre und Werk von Dschalāl ad-Dīn Rūmī und und hat auch zahlreiche Bücher und Aufsätze über Muhyīddīn Ibn ʿArabī und dessen Denkschule verfasst. [Deutsche Übersetzung: Robert Cathomas]

In ehrenvollem Gedenken
an
Scheich Muḥammad at-Tādilī
und an
Mulay ʿAlī Ibn aṭ-Ṭayyib ad-Darqāwī

Vorwort

DIE VORLIEGENDE ARBEIT DIENE ALS EINFÜHRUNG IN DIE lehrliche [der Lehre gemäßen] Sprache des Sufismus (*at-taṣawwuf*). Vorerst aber sei der Gesichtspunkt, unter welchem wir diesen Gegenstand behandeln, angegeben: Wir stellen uns nicht auf den Boden der bloßen Gelehrsamkeit, sondern setzen uns vorweg zum Ziel, allen jenen behilflich zu sein, die über die Grenzen der modernen Welt hinausblickend Ausschau halten nach den allgültigen Wahrheiten, die jeder heiligen Lehre zugrunde liegen.

Es sei gleich gesagt, dass die schulmäßige Wissenschaft nur von sehr beiläufigem Nutzen ist, wo es darum geht, sich den geistigen Gehalt morgenländischer Lehren anzueignen, was ja auch nicht der Zweck einer wissenschaftlichen Arbeitsweise sein kann; denn eine solche betrachtet notwendigerweise die Dinge von außen her, in ihrem rein geschichtlichen und vergänglichen Dasein. Es gibt Ausdruckswelten, die sich nur »von innen heraus« verstehen lassen durch ein geistiges Eindringen, dessen Weise gerade deshalb, weil sie rein geistig ist, den bloß folgernden Verstand übersteigt; derselbe kann sogar zum Hindernis werden, sofern er mit gedanklichen Gewohnheiten durchsetzt ist, ganz abgesehen von den rationalistischen und fortschrittsgläubigen Vorurteilen, die den Geist der weitaus meisten Abendländer belasten. Daher kommt es, dass die meisten europäischen Gelehrten, die den Sufismus erforschten, dessen wirkliche Stellung verkannten. Der modern gebildete Mensch ist nicht mehr gewohnt, in Sinnbildern zu denken. So unterscheiden die heutigen Forscher selten richtig zwischen dem, was bei zwei verschiedenen überlieferten Ausdrücken ihren äußeren Formen zuzurechnen ist, und deren wesentlichen Inhalten; sie werden dazu verleitet, überall da, wo es sich in Wirklichkeit um das Zusammentreffen zweier geistiger Sichten handelt, Anleihen einer Überlieferung bei der anderen zu sehen und andererseits grundlegende Gegensätze anzunehmen, wo nur Verschiedenheit der Gesichtspunkte oder Ausdrucksweisen vorliegt.[1] Solche Ver-

1. Siehe FRITHJOF SCHUON: *De l'Unité Transcendante des Religions,* Collection «Tradition». Paris: Édition Gallimard, 1948. Deutsch: *Von der inneren Einheit der Religionen.* Freiburg: Verlag Hans-Jürgen Maurer, 2007.

wechslungen aber sind unvermeidlich, wo bloßes Bücherwissen dazu bevollmächtigt, sich mit Dingen abzugeben, die im Morgenland ganz natürlich den Menschen überlassen bleiben, die zu wirklicher Einsicht begabt sind und die sich diesen Bereichen des Geistes aus innerer Wahlverwandtschaft widmen, geleitet von den Erben lebendiger Überlieferung.

Im Folgenden wollen wir versuchen, die geistige Sicht des Sufismus darzulegen, und zu diesem Zweck werden wir uns dessen Ausdrucksweise aneignen, indem wir so weit als möglich die für die europäischen Leserinnen und Leser nötigen Erläuterungen beifügen. Gleichzeitig werden wir auch zu gewissen sufischen Begriffen die entsprechenden Ausdrücke anderer Überlieferungen erwähnen, ohne dass wir damit dem sufischen Gesichtspunkt Gewalt antäten, denn der Sufismus hat stets das geistige Gesetz anerkannt, nach welchem die Göttliche Offenbarung sich je nach den menschlichen Gemeinschaften, denen sie zugedacht ist, in verschiedene Formen kleidet. Der Koran selbst weist auf dieses Gesetz hin, wenn auch nur implizitermaßen und in der Sprache, die den Religionen abrahamischen Stammes eignet.[2] Wir wissen wohl, dass Vergleiche zwischen verschiedenen überlieferten »Bildersprachen« leicht zu Missverständnissen Anlass geben; die sufischen Meister haben sich deshalb gewöhnlich darauf beschränkt, die Allseitigkeit der Offenbarung grundsätzlich zu bejahen, ohne näher auf die daraus folgenden Entsprechungen zu anderen als der islamischen Religion einzugehen, womit sie auf den Glauben der Einfältigen Rücksicht nahmen; denn wenn auch der Glaube im Keim Erkenntnis ist – ansonsten er ja nur Meinung wäre –, so ist doch sein Licht ganz umhüllt vom Gefühl, das seiner Natur gemäß an einer bestimmten Übersetzung der allseitigen Wahrheit haftet und dazu neigt, alles, was einer anderen eingegebenen Ausdrucksweise entspringt, zu verneinen. Immerhin ist diese Rücksicht auf den Glauben einer Gemeinschaft nur so lange Gebot, als die Kultur, die diese Gemeinschaft beschützt, eine gleichsam lückenlose Welt darstellt; diese Lage kann sich ändern, wenn zwei verschiedene überlieferungstreue Welten einander begegnen, wie das mit dem Islam und dem Hinduismus unter den Mogulkaisern der Fall war,

2. »Die Gläubigen glauben an Gott, an Seine Engel, Seine [geoffenbarten] Bücher und an Seine Gesandten. Sie sagen: ›Wir machen keinen Unterschied zwischen den Gesandten Gottes‹« (Koran 2:284). »Wir haben jedem Volke Riten zu befolgen auferlegt« (22:66).

und umso mehr, wenn sich überhaupt die Umrisse der großen, überlieferungstreuen Kulturen zersetzen. In dem Zeitalter der Verwirrung und Vermischung, in dem wir leben, drängen sich gewisse Vergleiche von selbst auf, wenigstens für jene, die für geistige Formen empfänglich sind; es genügt nicht mehr, die Fragen, die sich daraus ergeben, stillschweigend zu übergehen.

Andererseits ist es wohl möglich, dass die Begegnung mit einer geistigen Ausdrucksform wie der sufischen, statt vom eigenen geistigen Erbe – und das wird in diesem Falle vornehmlich das christliche sein – abzulenken, zu einem neuen Erfassen desselben anregt. Vom christlichen Standpunkt aus kann man die sufische Weisheit, wenn man überhaupt ihren Sinn erahnt, nicht anders denn als ein Werk des Heiligen Geistes auffassen.

Eines muss vor allem wohl verstanden sein, nämlich, dass die beschaulichen [oder: kontemplativen, mystischen, Gottesfreundlichen] Geister, welche die wesentliche Einheit aller Formen von echter Überlieferung anerkannten, deshalb keineswegs dazu neigten, die Umrisse der einzelnen Religionen zu verwischen, noch auch die Notwendigkeit dieses oder jenes heiligen Gesetzes auf seiner Ebene zu verkennen, ganz im Gegenteil, denn die Vielfalt der Glaubensformen verrät nicht nur das Ungenügen jedes förmlichen Ausdrucks angesichts der unbegrenzten Wahrheit, sie bezeugt zugleich auch mittelbar, dass jede dieser Formen geistig ursprünglich ist, das heißt, dass jeder etwas Unnachahmliches eignet, worin sich gerade die Einzigkeit des ihnen allen gemeinsamen Grundes kundgibt: Die Nabe eines Rades, in der die Speichen sich vereinen, ist auch das, was deren auseinanderstrebenden Richtungen festlegt.

Unsere Einführung in die lehrliche Sprache des Sufismus will und kann nicht mehr als eine Anregung zum eigenen Forschen sein. Wir sind uns bewusst, dass eine solche zusammenfassende Darstellung einer sehr schematischen Umrisszeichnung gleicht. Bei unserer Andeutung der Lehre legen wir das meiste Gewicht auf deren metaphysischen Anblick als der Voraussetzung alles Übrigen; von der Methode sei nur nebenbei die Rede, soweit eben, als sie ihrerseits die Darstellung der reinen Lehre mitbestimmt. Für gewisse Teilanblicke der Lehre, die wir zusammenfassen, beziehen wir uns in erster Linie auf das Werk von Muhyīddīn Ibn 'Arabī, dessen Rolle im Sufismus etwa der von Sri Shankaricharya im Vedanta vergleichbar ist, sowie auf 'Abd al-Karīm al-Dschīlī.

Da der Sufismus eine Überlieferung im wahren Sinne des Wortes, das heißt die Weitergabe einer ursprünglich Göttlichen Weisheit ist, so ist er zugleich Bewahrung in der Zeit und ständige Erneuerung in der Wiederbegegnung mit seinem zeitlosen Ursprung. Was sich beschreiben lässt, ist vor allem die dauernde Gestalt, nicht deren Erneuerung im Geist.

I
Vom Wesen des Sufismus

At-taṣawwuf

ENTGEGEN MANCHEN OBERFLÄCHLICHEN URTEILEN IST DER Sufismus (*at-taṣawwuf*)[3] nicht bloß eine geistige Bewegung im Rahmen der islamischen Welt, sondern, wie seine Vertreter bezeugen, nichts anderes als der »innere« oder »inwendige« (*bāṭin*) Islam, das heißt der Weg zur unmittelbaren Schau der geistigen Wirklichkeiten, die sich in den Formen des islamischen Gottesdienstes ausdrücken. Im Vergleich dazu ist der allgemein verbindliche Islam, wenn auch nicht »äußerlich« im gewöhnlichen Sinne des Wortes, so doch verhältnismäßig »auswendig« (*ẓāhir*), denn er kann, da er sich gleichermaßen an alle Gläubigen richtet, nicht gut mehr sein als die Befolgung der Gesetze, die jene geistigen Wirklichkeiten auf irdischer Ebene den Bedingungen eines Zeitalters und einer Umwelt gemäß ausdrücken. Die Unterscheidung, die hier gemeint ist, entspricht jener, welche die Griechen mit der von »esoterisch« und »exoterisch« meinten. Sie darf nicht so verstanden werden, als ob der »äußere« Islam nicht auch der innerlichen Hingabe sowie der Gnade bedürfte; die Wege scheiden sich dahingehend, dass die Menge der Gläubigen nach einem glückseligen

3. Die gewöhnliche Erklärung, wonach der Ausdruck *taṣawwuf* »sich in Wolle (*ṣūf*) kleiden« bedeute, ist zu äußerlich und auch geschichtlich zu ungefähr. Es mag sein, dass diese äußerliche Bedeutung absichtlich einen tieferen Sinn verdeckte. So entspricht der Zahlenwert des Wortes dem des Ausdruckes *al-ḥikmat al-ilāhiyya*, der »die Göttliche Weisheit« bedeutet. Das gleicht dem griechischen Ausdruck *sophia*. In der Tat weist al-Birūnī auf diese Verwandtschaft hin. Seine Ableitung von *ṣūfi* aus *sophia* ist zwar sprachkundlich unhaltbar, weil sich sonst das griechische Sigma nie in das arabische *ṣād*, sondern stets in *sīn* zu verwandeln pflegt, doch kann dieser Anklang immerhin von jenen gewollt sein, die sich des Wortes *taṣawwuf* als eines volkstümlichen Decknamens bedienten.

Zustande nach dem Tod strebt, einem Zustand, der eben kraft des mittelbaren, in Werk und Gesinnung liegenden Teilhabens an den Göttlichen Wahrheiten erreicht wird, während der Sufismus, ohne jenes auszuschließen, wesentlich sein Ziel in sich selber hat, dadurch nämlich, dass er die unmittelbare Erkenntnis des Ewigen zu eröffnen vermag; diese aber ist mit ihrem Gegenstand eins und befreit von der zwangsläufigen Verkettung der ichhaften Daseine. Der geistige Zustand des *baqā'*, auf den der sufische Weg hinstrebt, und dessen Name die reine »Dauer« jenseits von jeglicher Form bedeutet, ist nichts anderes als der Zustand des *moksha,* der »Befreiung«, von dem die indischen Lehren künden, ebenso wie die »Auslöschung« (*fanā'*) des geschöpflichen Ichs, die der »Dauer« vorausgeht, dem Nirvana als verneinendem Begriff entspricht.

Damit der Sufismus eine solche Möglichkeit in sich fasse, muss er mit dem »Kern« (*lubb*) der überlieferten Glaubensform, die sein Träger ist, wesenseins sein. Er kann nicht dem Islam hinzugefügt sein, ansonsten sein Verhältnis zu dessen geistigen Mitteln beiläufig oder gar unecht wäre; in der Tat ist er der übermenschlichen Quelle dieser Mittel näher als die »äußere« und allgemein verbindliche Glaubensform, hat er doch tätig, wenn auch rein innerlich, teil an der Wirklichkeit, die diese Glaubensform offenbart hat und sie auch weiterhin durch ihre zeitlose und unbewegt tätige Gegenwart am Leben erhält.

Es kann wohl äußeren Beobachtern entgehen, dass der Sufismus solchermaßen die Mitte der geistigen Welt des Islams einnimmt, denn gerade dadurch, dass die Esoterik – wir meinen die »inwendige« Lehre – sich des Sinnes der Formen bewusst ist, besitzt sie diesen gegenüber eine gewisse geistige Selbstständigkeit und kann sich manche Begriffe und Sinnbilder, die einem anderen als ihrem eigenen glaubensmäßigen Nährboden entstammen, für ihre Belehrungen aneignen. Es mag seltsam erscheinen, dass der Sufismus als das »Herz« oder der »Geist« des Islams (*rūḥ al-islām* oder *qalb al-islām*) zugleich auch innerhalb der islamischen Welt jenen Geist darstellt, der den gedanklichen Umrissen dieser Welt gegenüber am freiesten ist, und das kraft einer Freiheit, die nicht zu verwechseln ist mit jener nur scheinbaren, die von aufrührerischen Strömungen zur Schau getragen wird – denn niemand ist geistig frei von ererbten Formen dadurch, dass er sie aus Unverständnis verleugnet. Und doch entspricht diese Stellung, die der Sufismus seinem eigentlichen Wesen und nicht bloß seiner geschichtlichen Einkleidung nach[4] innerhalb des Islams einnimmt, genau der Rolle des Herzens im menschlichen Wesen, insofern nämlich das Herz sowohl die belebende Mitte des Leibes wie auch, seinem innersten Sinn gemäß, der ›Sitz‹ einer aller Form überlegenen Wesenheit ist.

Die europäischen Forscher, die ihrer Bildung nach dazu neigen, alles auf geschichtliche Zusammenhänge zurückzuführen, konnten sich natürlich dieses zweifache Antlitz des Sufismus nicht anders denn aus dem Islam fremden Einflüssen erklären. So haben sie den Ursprung des Sufismus, je nach ihrem eigenen Gesichtsfeld, iranischen, indischen, neuplatonischen oder christlichen Quellen zugeschrieben. Diese sich widersprechenden Zuschreibungen heben sich denn auch gegenseitig mehr oder weniger auf.

Es gibt letzten Endes keinen gültigen Einwand gegen die Echtheit der in ununterbrochener Kette (*silsila*) vom Propheten selbst herstammenden Fortzeugung der sufischen Meister. Doch liegt der entscheidende Beweis für den mohammedischen Unprung des Sufismus nicht in geschichtlichen Tatsachen, sondern im Wesen des Sufismus selber, denn wenn die sufische Weisheit nicht-islamischen Quellen entflösse, so könnten jene, die nach ihr streben – und es handelt sich ja nicht um eine aus Büchern geschöpfte oder nur gedankliche Weisheit –, dieselbe nicht von koranischen Sinnbildern aus immer wieder neu verwirklichen; nun ist aber alles, was zum wesentlichen und unveränderlichen Bestand des sufischen Weges gehört, dem Koran und den Belehrungen des Propheten entnommen.

Was jenen Behauptungen europäischer Wissenschaftler einen Anschein von Wahrheit verleiht, ist, wie wir schon sagten, der Umstand, dass es den sufischen Meistern möglich war, bei ihren Darstellungen der Lehre Begriffe zu verwenden, die einem der vielen, von der islamischen Kultur aufgeschluckten vorislamischen Erbteile entstammten, vorausgesetzt, dass die verwendeten Begriffe und Bilder den Wahrheiten entsprachen, die es zu verdeutlichen

4. Es ist bekannt, dass manche der hervorragendsten Verteidiger der islamischen Rechtgläubigkeit dem Sufismus verbunden waren, so zum Beispiel ʿAbd al-Qādir al-Dschīlānī, al-Ghazālī, der Sultan Ṣalāḥ ad-Dīn (Saladin); auch berühmte Philosophen wie al-Fārābī waren Anhänger des Sufismus. Allein, die geistige Auslese des Sufismus, die mehr durch ihre bloße Gegenwart als durch sichtbare Taten wirkt, lässt sich geschichtlich nicht fassen; auch die sufischen Gemeinschaften, die sich als solche kennzeichnen, brauchen sich nicht mit den geistigen Horten der sufischen Weisheit zu decken.

galt und die übrigens schon in der rein prophetischen Sinnbildlichkeit beschlossen liegen. Der Grundstock der sufischen Lehre kommt vom Propheten her; aber da die Lehrweisheiten einer unbegrenzten Entfaltung fähig sind, so bestand kein Grund, Ausdrucksweisen zu vermeiden, die ihrer Art nach dem Islam wesensfremd sind. Die Lehre ist nicht nur eine Andeutung der an sich unübertragbaren Erkenntnis geistiger Wirklichkeiten, sie ist auch eine frei reifende Frucht dieser Erkenntnis selber; und so kommt es, dass sich die geistige Echtheit des Sufismus ebensowohl in der sinngetreuen Erhaltung islamischer Formen kundtut wie auch in der lebendigen Fähigkeit, sinnverwandte Formen den vom Propheten gegebenen Lehren anzugleichen. Das aber gilt nicht nur für rein lehrliche Ausdrucksformen, sondern auch für geistige Hilfsmittel, die einer Kunst entliehen sind.

Zu diesen tatsächlichen, wenn auch beiläufigen Anleihen bei anderen Kulturen kommen geistige Verwandtschaften, die ihren Grund darin haben, dass jede Esoterik Wahrheiten zutage fördert, die das allgemein verbindliche Dogma schon deshalb verhüllen muss, weil mit dem Wegfallen der gedanklichen Umrisse, die eine bestimmte Glaubensform von anderen abheben, allzu leicht auch die Stützpunkte schwinden, die den Sinn der mehr gefühlsmäßig als rein geistig erlebenden Gläubigen auf das Wesentliche hinlenken. Hierhin gehört im Falle des Islams, der sich der Vielgötterei der alten Araber entgegenstellt, die dogmatisch unbedingte Verneinung all dessen, was eine Vielheit in die Göttliche Natur hineinzutragen scheint, wogegen der Sufismus, der selbst nie die alle Vielheit überragende Einheit Gottes außer Acht lässt, die Sinnbildlichkeit einer vielheitlichen Gottesdarstellung wie der indischen grundsätzlich verstehen kann, ja manchmal seinerseits, zu rein besinnlichen Zwecken, die Göttlichen »Anblicke« oder »Namen« wie Personen, die handeln, die geben oder empfangen, beschreibt.

Umso eher zeichnen sich Verwandtschaften zwischen dem Sufismus und dem aus gleichem abrahamischen Stamm entspringenden Christentum ab, zumal das Letztere, wie es der Sufi ʿAbd al-Karīm al-Dschīlī in seinem Buch *al-Insān al-Kāmil* (»Vom allheitlichen Menschen«) darlegt, gewisse esoterische Wahrheiten hervorkehrt; in der Tat erscheinen die christlichen Dogmen, die allesamt im Dogma der Göttlich-menschlichen Natur Christi beschlossen liegen, im Licht der sufischen Lehre als eine Zusammenfassung der Wahrheiten, die sich auf die Einswerdung in Gott beziehen. So stellt sich die christliche Lehre, sufisch gesehen, gewissermaßen als ein in Christus verkörperter Sufismus dar – weshalb auch die Sufis Christus unter allen Gottesboten (*rasūl*) als den Meister des geistigen Pfades verehren –, ebenso wie man im Sufismus die Züge eines von der ausschließlichen und weihemäßigen Bindung an Christus losgelösten Christentums entdecken mag.

Man darf sich jedoch nicht darüber täuschen lassen, dass die geistigen Gestalten beider Überlieferungen ebenso sehr voneinander verschieden sind wie zwei Kristalle, die zwar beide das Licht gleicherweise durchlassen, jedoch innerlich nach verschiedenen geometrischen Regeln gefügt sind. Wie weit auch der lehrliche Gesichtskreis einer Esoterik sein mag, nie mündet sie, als geistiger Weg und Lebensform, in die Esoterik einer anderen Überlieferung ein. Um das zu verdeutlichen, können wir auf das Bild zurückgreifen, nach welchem die verschiedenen Überlieferungen wie Speichen sind, die in einer einzigen Nabe – oder, genauer gesagt, wie Strahlen eines Kreises, die in einem einzigen Mittelpunkt – zusammenlaufen: Je näher die Strahlen dem Mittelpunkt, desto näher sind sie ohne Zweifel auch einander; aber sie werden sich nie treffen, es sei denn im Mittelpunkt selber, wo sie aufhören, Strahlen zu sein. Nun besteht aber ihr Wesen als Pfade, die vom Umkreis zur Mitte führen, eben in ihrer jeweiligen Richtung; diese allein ist wesentlich und ihr kommt auch, rein räumlich betrachtet, eine Eigenschaft zu, die nicht wie der Abstand zwischen den zusammenlaufenden Linien Zunahme und Abnahme duldet. Als Weg zur Göttlichen Mitte hat jede Esoterik ihre durchaus eigene Richtung, so nahe die Wege auch nebeneinander liegen mögen. Das Verständnis aber eilt gleichsam voraus und begreift jede mögliche Richtung von der alle vereinenden Mitte aus, soweit eben die geistige Voraussicht von dieser auszugehen vermag.

Die Behauptung einer vorislamisch iranischen Quelle des Sufismus wird meistens mit dem Hinweis auf die sufische Sinnbildlichkeit des Lichts begründet, wo doch dieselbe im Wesen der Dinge liegt und demzufolge auch von allen Überlieferungen gebraucht wird; der Koran selbst sagt: »Gott ist das Licht der Himmel und der Erde« (Sure des Lichts, 24:35). Vollends irrtümlich ist es zu meinen, dass die sinnbildliche Gegenüberstellung von Licht und Finsternis in gewissen sufischen Lehren eine Göttliche Zweiheit, die man dem Persertum zuschreibt, fortsetze, denn diese Gegenüberstellung dient im Gegenteil dazu, die Scheinbarkeit jeglicher

Zweiheit darzulegen und sie auf die Einheit zurückzuführen: Das Licht ist das unmittelbarste Bild des Seins; dagegen ist die Finsternis, als das an sich Unsichtbare, das Nicht-Sein, und zwar in einem doppelten Sinn, nämlich einerseits als das bloße Nichts und andererseits als der unfassbare Zustand reiner Nicht-Kundgebung [oder: Nicht-Manifestation]. Die Welt ist Finsternis in ihrer Nichtigkeit; als Brechung des reinen Lichts kommt ihr ein verhältnismäßiges Dasein zu; sie ist gleichsam mit Nichts vermengtes Sein; ihr Sein ist Göttlich, während das Nichts an sich gar nicht besteht, ebenso wie der Schatten ohne das Licht nichts wäre. Andererseits ist das Göttliche Wesen, das jenseits aller Kundgebung [oder: Manifestation] ist, einer Finsternis jenseits – oder im Innersten – des Lichts vergleichbar: ein Sinnbild, das auch der heilige Dionysius Areopagita verwendet.

Weit mehr Anschein geschichtlicher Nachfolge liegt in der Beziehung des Sufismus zu den Lehren der Neuplatoniker. Nicht nur erscheint die Lehre Plotins wie eine Vorwegnahme gewisser Anblicke der sufischen Lehre; die sufische Kosmologie ist weitgehend mit Begriffen aufgebaut, die griechisch-alexandrinischen Kosmologen wie Empedokles und Plotin entliehen sind. Doch hat es neben den sufischen Meistern, die sich in ihren Schriften einer nahezu philosophischen Sprache bedienten und die das griechische Erbe mehr oder weniger benutzten, stets auch andere, geistig nicht minder weitsichtige gegeben, deren Belehrungen rein nur dem Koran und der prophetischen Überlieferung entflossen. Andererseits verleiht oft die Übertragung griechischer Begriffe und Sinnbilder in die sufische Lehre diesen eine unerwartete Reichweite, was nur deshalb möglich ist, weil der Sufismus seine geistige Eingebung nicht aus diesen griechischen Erbteilen, sondern aus einer wesentlicheren und unmittelbaren Quelle empfängt. Dasselbe gilt schließlich auch für das Verhältnis des früheren Christentums zum gleichen griechisch-alexandrinischen Erbe; der platonische Einschlag, den man den sufischen Belehrungen zur Last legt, ist derselbe, der auch bei den griechischen Kirchenvätern vorkommt, deren Lehre doch unverkennbar apostolisch bleibt. Man kann höchstens sagen, dass sich das griechisch-platonische Erbe noch leichter in die islamische Metaphysik einverleiben ließ, weil schon die islamische Lehre von der Einheit den Rahmen dazu bot. Für die sufischen Meister, die über eine philosophische Bildung verfügten, ging übrigens das geistige Gesichtsfeld des Aristoteles als ausgesprochen verstandesmäßige – wenn auch keineswegs schon »rationalistische« – Erkenntnis in der umfassenderen Schau Platos auf; der Gegensatz zwischen den Aussagen dieser beiden Meister des Altertums löst sich von selbst auf, sobald man sie nicht gleicherweise auf die verstandesmäßige Ebene bezieht, sondern die Sprache Platos in ihren wesentlichen Teilen sinnbildlich versteht.[5] Ähnlich verhält es sich mit der Einbeziehung gewisser alexandrinischer Kosmologien, die wie Überbleibsel uralter, bereits dem Aberglauben anheimfallender Überlieferungen vorkamen: Sowie das Licht der Urwahrheiten, die der Sufismus in sich selber verwirklicht, auf diese Bruchstücke fiel, wurden sie geistig wieder durchsichtig.[6]

So berechtigen gewisse Verwandtschaften zwischen der sufischen Lehre und außerislamischen Lehren keineswegs dazu, eine geschichtliche Abhängigkeit anzunehmen, mag auch eine solche bisweilen in den Ausdrücken selber bestehen. Wie bei einem lebendigen Wesen liegt die Ursprünglichkeit einer Überlieferung nicht in den Stoffen, aus denen sie sich aufbaut, sondern in ihrer besonderen Fähigkeit, sich solche anzugleichen. Nun ist aber die Lehre nur ein Anblick der sufischen Überlieferung. Damit diese vollständig sei, müssen noch andere Elemente hinzukommen, die wir hier nur kurz erwähnen wollen: Um den geistigen Weg zu eröffnen, gehört zur Lehre, die an sich unerlässlich ist, die Einweihung und die Methode; und wenn wir nicht auch den Meister als Viertes nennen, so nur deshalb, weil die Methode sein Vorhandensein voraussetzt.

Die Lehre, sofern sie schriftlich niedergelegt ist, stellt meistens nur eine Vorstufe, eine Erweiterung oder manchmal auch eine knappe Aufzeichnung der mündlich überlieferten Belehrung dar; und dieser Umstand macht es, nebenbei gesagt, oft sehr schwer, anhand geschichtlicher Spuren den Verzweigungen sufischer Überlieferung nachzugehen.

Die sufische Einweihung besteht in der Übertragung eines geistigen Einflusses[7] oder Segens (*baraka*) und wird von einem Vertre-

5. Die christlichen Scholastiker des ausgehenden Mittelalters haben sich bekanntlich alle Mühe gegeben, die von den islamischen Denkern erreichte Einbeziehung der aristotelischen Lehre in die Platos wieder aufzulösen, nicht ahnend, dass sie damit auch schon den modernen Rationalismus vorbereiteten.

6. So erhielt zum Beispiel die Alchimie durch ihre Begegnung mit dem sufischen Geist ihren Sinn als Kunst der seelischen Wandlungen wieder und erfuhr von da aus auch im christlichen Abendland ihre Wiedererweckung.

7. Entsprechend der Übermittlung des Heiligen Geistes bei den Christen.

ter der »Kette«, die bis auf den Propheten zurückgeht, gegeben. In den meisten Fällen weiht der Meister (*schaikh* oder *murschid,* persisch *pīr*) ein, der auch die Methode weitergibt und die Mittel zur geistigen Ansammlung entsprechend den Fähigkeiten der Jünger austeilt. Der allgemeine Rahmen der Methode bleibt stets das islamische Gesetz, wenn es auch vereinzelte Sufis gegeben hat, die infolge ihrer besonderen geistigen Zustände nicht mehr am allgemein verbindlichen Gottesdienst des Islams teilnahmen. Damit man daraus keinen Einwand gegen die mohammedische Ableitung des Sufismus schöpfe, sei gesagt, dass dessen wesentlichste geistige Mittel, die unter außerordentlichen Umständen die allgemein verbindlichen Riten des Islams ersetzen können, wie Gewölbeschlüssel der ganzen islamischen Sinnbildlichkeit sind und auch in diesem Sinne vom Propheten selbst gegeben wurden.

Mit dem Gesagten darf etwas anderes nicht verwechselt werden: Manche Sufis haben öffentlich Haltungen kundgetan, die, ohne dem Geist der Überlieferung zuwiderzulaufen, die Menge der gewöhnlichen Gläubigen vor den Kopf stießen; es ist das eine Weise, sich der seelischen Strömung der Masse, die auf alle Fälle etwas Dumpfes hat, entgegenzustellen und sich gedanklicher Gewohnheiten zu entledigen.

Die mannigfachen Zweige der geistigen Fortpflanzung des Sufismus entsprechen ganz natürlich ebensovielen »Pfaden« (*ṭuruq*), wobei jeder Meister, von dem an ein besonderer Zweig unterschieden wird, die Vollmacht besitzt, die Methode den Fähigkeiten einer gewissen Art zur Geistigkeit begabter Menschen anzupassen. Die verschiedenen »Pfade« ergeben sich demnach aus verschiedenen »Berufungen« und sind allesamt auf dasselbe Ziel gerichtet; sie haben nichts mit Spaltungen oder »Sekten« innerhalb des Sufismus zu tun, wiewohl auch teilweise Entartungen vorkamen, aus denen in der Folge eigentliche Sekten hervorgingen. Das Anzeichen eines sektiererischen Hanges ist stets die mengenhafte und leidenschaftliche Ausbreitung der betreffenden Gemeinschaft, wie auch die Erhebung eines bloß sittlichen Wertes über das Wahrheitliche. Der echte Sufismus kann nie zu einer »Bewegung« werden, dieweil er sich an das wendet, was im Menschen am unbewegtesten ist, nämlich an den beschaulichen Geist.

Dem widerspricht keineswegs der Umstand, dass manche *ṭuruq,* wie zum Beispiel die Qādirīya, die Darqāwiyā, die Naqschabandīya, äußere, im Volk verbreitete Kreise besitzen; denn dadurch, dass diese Kreise keineswegs dem allgemein verbindlichen Glauben entgegengesetzt sind, sondern vielmehr nur eine innigere Weise desselben vertreten, können sie nicht mit Sekten verglichen werden.

Die volkstümliche Verbreitung von an und für sich rein geistig gerichteten *ṭuruq* erklärt sich übrigens daraus, dass die esoterische Sinnbildlichkeit um ihres urtümlichen Wesens willen dem einfachen Volk einleuchtet, während sie den Schriftgelehrten sehr oft verschlossen bleibt. Das durch keinen gedanklichen Hochmut verdorbene Volk erlebt ein esoterisches Sinnbild ganzheitlich und setzt sich dadurch, auch wenn das Verständnis nicht tief eindringt, gewissermaßen dem lebendigen Strahl eines geistigen Einflusses aus, wogegen der Gelehrte, der nicht einsieht, dass alle menschliche Gelehrsamkeit hinfällig ist, zu keiner ganzheitlichen Schau gelangt. Die Gefährdung der im Volk weit verbreiteten Kreise liegt darin, dass leicht das seelische Erleben mit dem Geist verwechselt wird, während für den Gelehrten die Gefahr des Ungeistes in der Verwechslung des menschlichen, folgernden Verstandes mit dem reinen Geist besteht. Stets kommt der Ungeist in der Bewegtheit des Denkens zum Vorschein, während der reine Geist in sich selber ruhend, unmittelbar und von ungetrübter Heiterkeit ist.

Wenn der Islam sich trotz der so schwankenden Natur der menschlichen Seele und trotz der Völkervielfalt, die er umfasst, durch die Jahrhunderte hindurch erhalten hat, so liegt das gewiss nicht an seinem verhältnismäßig leidenschaftlichen und kriegerischen Wesen, das ihm als Gemeinschaft eignet, sondern daran, dass ihm eine Möglichkeit geistiger Schau innewohnt, die unbeweglich die Strömungen der menschlichen Leidenschaften überragt. Deshalb wird der Sufismus so lange bestehen, und sei es auch nur im Keim, als der Islam als solcher bestehen bleibt, und umgekehrt.

❧

Sufismus und Mystik

DIE BEZEICHNUNG DES SUFISMUS ALS »ISLAMISCHE MYSTIK« kann gelten, vorausgesetzt, dass man den Ausdruck »Mystik« im Sinne der griechischen [Kirchen-]Väter und ihrer geistigen Nachfolger versteht, nämlich als etwas, das sich auf die Erkenntnis der »Mysterien« bezieht. Nun wird aber im neuzeitlichen Europa, etwa seit der Renaissance, der Ausdruck ganz unberechtigt auch auf Einstellungen und Erfahrungen übertragen, die trotz außerordentlichen, ja wunderbaren Zügen, die ihnen eignen mögen, dennoch von ichhafter Färbung sind und jedenfalls den Horizont des bloßen Glaubens nicht erkenntnishaft übersteigen.

Gewiß gibt es sowohl im Morgenland wie auch im Abendland gewisse Grenzfälle, wie etwa der des *madschdhūb* genannten »Gottesnarren«, bei dem die Göttliche Anziehung (*dschadhb*) so sehr über seine gedanklichen Fähigkeiten überwiegt, dass diese wie gestört erscheinen, weshalb ein *madschdhūb* in der Tat nicht fähig ist, seinen geistigen Zustand lehrlich zu beschreiben. Es kann auch ausnahmsweise vorkommen, dass sich bei einem Menschen ein wahrer geistiger Zustand fast ohne die Beihilfe einer regelmäßigen Methode einstellt, denn »der Geist weht, wo er will.« Allein, in der islamischen Welt wird der Name *taṣawwuf* nur auf die geistigen Pfade angewendet, die eine esoterische Lehre und eine Weitergabe von Meister zu Meister voraussetzen; man kann also *taṣawwuf* nur dann mit »Mystik« wiedergeben, wenn man ausdrücklich Mystik in ebendiesem strengen Sinn, das heißt, in ihrem ursprünglichen Sinn auffasst.

So verstanden ist es richtig, die Sufis den christlichen Mystikern zu vergleichen. Jedoch findet dabei eine gewisse Verschiebung der Bedeutung statt, die zwar nichts von der Allgemeingültigkeit des Ausdrucks »Mystik« wegnimmt, aber daran schuld ist, dass seine Übertragung auf den Sufismus nicht in jeder Hinsicht befriedigt: Die beschaulichen Geister des Christentums sind wohl jenen beschaulichen Geistern des Islams verwandt, die den Pfad der Gottesliebe (*maḥabba*) – den *bhakti marga* der Inder – beschreiten, doch gleichen sie, vor allem in der Zeit nach dem Mittelalter, sehr selten den morgenländischen Geistern rein erkenntnismäßiger

Einstellung, wie zum Beispiel einem Muhyīddīn Ibn ʿArabī oder, um einen Vergleich in der indischen Welt zu wählen, einem Sri Shankaracharya. Nun steht aber die geistige Liebe gewissermaßen in der Mitte zwischen der glaubenshaften Inbrunst und der Erkenntnis; ihre Sprache schon überträgt das Gegenüber, das jede Liebe voraussetzt, bis auf das Gebiet der letzten Einung; und das ist zweifellos einer der Gründe, weshalb in der christlichen Welt weniger deutlich zwischen der wahren Mystik und ihrem rein glaubensmäßigen Abglanz unterschieden wird, wogegen in der islamischen Welt die Esoterik, die vornehmlich eine erkenntnismäßige Einstellung bedingt, sich sogar in ihren »bhaktischen«, von der Liebe beherrschten Weisen deutlich von der Exoterik abhebt, die sich dagegen schärfer als allgemein verbindliches Gesetz ausprägt.[8] Diese Unterschiede haben, nebenbei gesagt, nichts mit einer Überlegenheit der einen über die andere Überlieferung zu tun; sie hängen sowohl mit der besonderen Sinnesart der betreffenden Völker als auch mit dem inneren Haushalt einer jeden der beiden Überlieferungen zusammen.[9]

Grundsätzlich unterscheidet sich jeder rein geistige Weg, ob es sich nun um den sufischen Pfad oder um die christliche Mystik in ihrem ursprünglichen Sinn handelt, von einem nur glaubenshaften, irrtümlich »mystisch« genannten Weg dadurch, dass der erstgenannte eine geistig tätige Haltung voraussetzt, womit wir keineswegs eine Art von geistig verbrämter Ich-Behauptung meinen, sondern ganz im Gegenteil ein mehr oder weniger unmittelbares Teilhaben an der Wirklichkeit des reinen, »unpersönlichen« Geistes, der alles Ichhafte tätig durchschneidet.

Um Missverständnisse zu vermeiden sei gesagt, dass auch der Sufi eine innere Haltung ununterbrochener Anbetung verwirklicht, die die Formen des islamsischen Gottesdienstes zum Gefäß hat und die alle Weisen seines menschlichen Daseins durchdringt; in dieser Hinsicht verhält sich auch er duldig und empfangend gegenüber der Göttlichen Wirklichkeit, die sich im Verhältnis zu

8. Der Islam hat in seinem inneren Aufbau keine zwischen der Esoterik und der Exoterik vermittelnden Stufen wie das Mönchstum, dessen ursprüngliche Rolle darin bestand, einen Rahmen zu bieten, in dem sich ein beschaulicher Weg unbehindert anbahnen ließ.

9. Der besagte Unterschied hat gewisse Wissenschaftler zur Behauptung veranlasst, ein Sufi wie Ibn ʿArabī sei kein »richtiger Mystiker«, weil er nicht dem Vorbild des nur liebenden Mystikers entspricht.

dieser menschlichen Duldigkeit als Gnade kundgibt; denn, wie ein sufischer Meister zu sagen pflegte: »Das Geschöpf bleibt immer Knecht« (*al-'abdu yabqā-l-'abd*). Allein, die rein geistige Wirklichkeit des Sufis, die seine menschlich-seelische Natur überragt, durchbricht auch, insofern sie sich in gewissen Weisen sinnbildlich kundgibt, diese bloß dienende Haltung, die seiner ichhaften Natur gemäß ist und von der Überlieferung befohlen wird.

Gewiß gelangt nicht jeder, der sich berufen fühlt, den sufischen Weg zu beschreiten, zu einer überförmlichen, seine ichhaften Grenzen geistig aufhebenden Verwirklichung, denn schließlich hängt das nicht allein von seinem Willen ab; dennoch bestimmt das Ziel des Weges nicht nur den geistigen Horizont, sondern erheischt auch gewisse geistige Mittel, die wie eine bildliche Vorwegnahme des Ziels selber sind und die es dem, der den sufischen Weg beschreitet, ermöglichen, im Hinblick auf seine eigene seelische Gegebenheit eine geistig tätige, das heißt eine verhältnismäßig losgelöste und in gewisser Hinsicht nicht mehr ichhafte Haltung einzunehmen.

Das geistige Wesen des Sufismus prägt sich sogar den ausgesprochen menschlichen Erfordernissen des Weges auf und zeigt sich namentlich im sufischen Begriff der Tugend, die äußerlich mit der vom allgemeinen Glauben geforderten Tugend zusammenfallen mag, ihre geistige Tragweite aber dadurch erhält, dass sie innerlich als eine seelische Hinwendung auf eine ewige Wahrheit erlebt wird. Diese Auffassung der Tugend ist durchaus jener verwandt, die sich in den Schriften der Hesychasten wie des heiligen Gregor vom Sinai spiegelt: Die geistigen Tugenden sind da wie klare und durchsichtige Zusammenfassungen der Seele im Hinblick auf eine Göttliche Wahrheit, wobei der rein menschlich-moralische Inhalt der Tugend einen ganz beiläufigen Wert hat.[10] Der sufische Geist ist daher dem »Moralismus« innerlich entgegengesetzt; ja, es kommt vor, dass ein Sufi dem üblichen Schema einer Tugend stracks zuwiderhandelt, um auch hierin den »Kern« der »Schale« vorzuziehen.

Da die Lehre nicht nur eine Grundlage des geistigen Weges ist, sondern auch ganz natürlich die Schau widerspiegelt, die das Ziel des Weges ausmacht, so kann man den Unterschied zwischen dem

10. Nach Plotin ist die Tugend der Vermittler zwischen der Seele (*psyche*) und dem reinen Geist (*nus*).

Sufismus und einer sogenannten Mystik rein glaubenshafter Natur auf eine lehrliche Frage zurückführen. In diesem Sinne sagen wir, dass der Gläubige, dessen geistige Sicht nicht über den Horizont der Exoterik hinausreicht, stets einen unauflöslichen Gegensatz zwischen Gott und sich selber aufrechterhält, während der Sufi wenigstens grundsätzlich die wesentliche Einheit alles unterschiedlich Seienden oder – um dasselbe in verneinender Form auszudrücken – die Unwirklichkeit alles scheinbar von Gott Geschiedenen anerkennt.

Es ist nötig, diese beiden Seiten der sufischen Einstellung wahrzunehmen, denn es kommt vor, dass der Exoteriker, und namentlich der glaubenshafte »Mystiker«, seinerseits versichert, dass er vor Gott nichts sei; doch wenn für ihn diese Wahrheit ihre ganze, allgültige Tragweite hätte, so müßte er folgerichtig auch die bejahende Seite derselben anerkennen, nämlich, dass der wirkliche Gehalt seiner selbst, kraft dessen er nicht nichts ist, in geheimnisvoller Weise mit Gott wesenseins ist. Meister Eckhart drückt das so aus: »Es ist etwas in der Seele, das unerschaffen und unerschaffbar ist; wenn die ganze Seele so wäre, wäre sie unerschaffen und unerschaffbar, und das ist der Geist« (*Aliquid est in anima increatum et increabile; si tota anima erit talis, erit increata et increabilis; et hoc est intellectus*).

Das ist eine Wahrheit, die jede Esoterik grundsätzlich und einbegriffenermaßen anerkennt, gleich was für einen Ausdruck sie ihr leihen mag.[11] Die nur glaubenshafte Denkart dagegen kennt sie nicht oder verneint sie sogar ausdrücklich, denn die große Mehrzahl der Gläubigen würde den Göttlichen Geist (*intellectus*) mit dessen nur menschlichem oder »erschaffenem« Abbild verwechseln; auch könnte sie die wesentliche Einheit des Geistes kaum anders als nach dem Bild einer stofflichen Einheit, die die Einzigkeit eines jeden Wesens verwischte, auffassen. In der Tat hat der Geist eine »erschaffene« Seite, und das nicht nur insofern er zur menschlichen Fähigkeit wird, sondern auch schon in seinem kosmischen Dasein, weil er ja außer dem ureigenen Wesen der Erkenntnis auch deren überall wirkendes »Mittel« ist. Doch was uns hier angeht, sind nicht die verschiedenen Tragweiten, die der Name »Geist« haben

11. Für viele sufische Meister ist, der allgemeinen islamischen Sinnbildlichkeit entsprechend, nicht der Geist, sondern das Herz der »Sitz« der unerschaffenen, Göttlichen Wirklichkeit im Menschen. Der Sinn bleibt derselbe wie bei Meister Eckhart.

kann;[12] wichtig ist, dass sich die Esoterik unabhängig von dieser Frage dadurch kennzeichnet, dass sie das insgeheim Göttliche Wesen der Erkenntnis überhaupt bejaht.

Aus den angedeuteten Gründen bleibt es der Exoterik verwehrt, den Ursprung jeglicher Erkenntnis und damit jeglicher Wahrheit ins Auge zu fassen, was eben bedeutet, dass die Exoterik ihre eigenen Voraussetzungen nicht selbst zu ergründen vermag und darauf angewiesen ist, dieselben nur gläubig zu bewahren; darum bleibt für sie auch das Geschöpf stets nur Geschöpf, während für die esoterische Weisheit jedes irgendwie Wahre letzten Endes nur kraft der Wahrheit besteht, die alles unsichtbar und unwandelbar durchdringt.[13]

Der Einwand, dass die Alleinheit des Geistes die wesentliche Einzigkeit eines jeden Geschöpfs aufhebe, rührt übrigens von einem ungenügenden Erfassen der Einheit selbst her: Die Einzigkeit kann nur ein Anblick der Göttlichen Einheit sein, wenn sie überhaupt wirklich ist; gerade das, was einem jeden Wesen zuinnerst Unvergleichliches eignet, hebt es aus der Ebene der allen Wesen gemeinen Bedingungen heraus und lässt es gewissermaßen am Geheimnis der Göttlichen Einzigkeit, die sich durch nichts umschreiben lässt, teilhaben. In dieser Hinsicht ist es auch nicht mehr ein »Ich«, das sich einem »Du« gegenüberstellen ließe, denn Vergleiche ebenso wie Gegenüberstellungen gibt es nur aufgrund von gemeinsamen Umständen. So kann die Gegenwart des Unerschaffenen im Erschaffenen auch ganz abgesehen von der Frage nach der Natur des Geistes rein seinhaft betrachtet werden. Die sufische Lehre

12. Der Hesychasmus, der zweifellos eine esoterische Lehre ist, fasst den Geist (*nus*) als eine menschliche Fähigkeit auf, deren wahrer Gegenstand aber das »unerschaffene Licht« sei. Die Gegenwart des unerschaffenen Geistes im Geschöpf drückt sich hier durch die Gegenwart des unerschaffenen Lichts aus, das die Seele durchdringt. Die Unterscheidung zwischen dem *nus* und diesem Licht dient methodisch dazu, die »luziferische« Verwechslung zwischen erschaffenem und unerschaffenem Geist zu vermeiden.

Die Lehre des Buddha spricht überhaupt nicht positiv vom überförmlichen Geist, den sie der Leere vergleicht, da ja das Erkennende sich selbst nicht zum Gegenstand nehmen kann; diese verneinende Ausdrucksweise ist aber dadurch ausgeglichen, dass eben die wesentliche Wirklichkeit aller Dinge als Leere (*shunya*) bezeichnet wird.

13. Der Koran sagt: »Gott erschuf die Himmel und die Erde durch die Wahrheit (*al-Ḥaqq*)« (64:3). Nach dem Wort des Propheten »entspricht jeglichem Wahren (oder Wirklichen) eine (Göttliche) Wahrheit (oder Wirklichkeit)« (*likulli dhi ḥaqqin ḥaqīqa*).

spricht von der wesentlichen Wirklichkeit oder Wahrheit (*ḥaqīqa*) eines jeden Wesens, die zeitlos ist.

Die Vorsicht, welche die Exoterik gegenüber allen Ausdrücken von der Gegenwart des Unerschaffenen im Geschöpf walten lässt, beugt mitunter auch der Einbildung vor, der Mensch könne Gott durch seinen eigenen Willen erreichen; das zu meinen, wird oft den Sufis vorgeworfen. In Wirklichkeit aber liegt die Überschätzung des Willens und des Tuns stets auf der Seite der exoterisch Denkenden, während die beschaulichen Geister nur zu gut wissen, dass die Erkenntnis nicht etwas ist, das vom Willen abhängt, wohl aber, dass der Wille seinem Wesen nach der Erkenntnis folgt.

Wenn auch die Entfaltung der Erkenntnis im Menschen gewissen gesetzmäßigen Abläufen folgt, die zum Teil das Vorausgehen des Willens erfordern, so ist doch letzten Endes die Erkenntnis eine Gabe, die nicht vom Menschen kommt. Das aber wirft auch ein Licht auf das Wesen der geistigen Mittel, von denen wir oben sagten, sie seien wie bildliche Vorwegnahmen des Ziels, auf das der geistige Weg hinstrebt: Während jegliche nur menschliche Anstrengung dazu verdammt ist, auf sich selber zurückzufallen, vermögen allein die Mittel, die gleichen Wesens sind wie die überförmliche Wahrheit, die sie andeuten,[14] den Knoten der ichhaften Besonderheit – oder Täuschung – zu lösen, denn nur die Wahrheit in ihrem allhaften und über den Verstand hinausragenden Sein verzehrt ihr Gegenteil, ohne Asche zurückzulassen. Im Vergleich zu dieser grundsätzlichen Auflösung des »Ichs« ist jede willenshafte Anstrengung, wie etwa die Askese (*zuhd*), nur vorbereitend und beiläufig.[15]

Wir wollen das, was wir sagten, in einer sufischen Bildersprache zusammenfassen, die den Vorteil hat, außerhalb all der Fraglichkeiten moderner Seelenkunde zu stehen. Danach streiten der Geist (*rūḥ*) und die Seele (*nafs*) miteinander um den Besitz ihres ge-

14. Analogie ist im Grunde Wesenseinheit.

15. Die Sufis erblicken im Leib nicht nur den Nährboden der sinnlichen Leidenschaften, sondern auch das Abbild des Weltalls. So findet man in den sufischen Schriften den Ausdruck »Tempel« (*haykal*) zur Bezeichnung des Leibes. In seinen *Fuṣūṣ al-Ḥikam* vergleicht Muhyīddīn Ibn 'Arabī den menschlichen Körper mit der »Lade [oder: Arche], in welcher der Friede (*sakīna*) des Herrn zugegen ist« (Kapitel über Moses) [siehe MUHYĪDDĪN IBN 'ARABĪ: *Die Weisheit der Propheten* – Fuṣūṣ al-Ḥikam *nach der Übertragung von Titus Burckhardt.* Zürich: Chalice Verlag, 2005.

meinsamen Sohns, des Herzens (*qalb*); mit *rūḥ* ist hier die erkennende Wesenheit gemeint, die die ichhafte Natur durchdringt und überragt;[16] *nafs* bezeichnet die Psyche, deren die Mitte fliehenden Strebungen den ungewissen und unbeständigen Bereich des Ichs ausmachen; *qalb* aber, das Herz, bedeutet die innerste Fähigkeit der Seele, entsprechend dem leiblichen Herzen, welches der belebende Mittelpunkt der körperlichen Verfassung ist; es ist gewissermaßen der Schnittpunkt des lotrechten Strahles *rūḥ* mit der waagerechten Ebene *nafs*. Nun heißt es, dass das Herz das Wesen desjenigen seiner beiden Erzeuger annimmt, der in dem Kampf obsiegt; solange die *nafs* die Oberhand hat, ist das Herz durch sie »verschleiert«, denn die Seele, die sich für ein selbstständiges Ganzes hält, hüllt es gleichsam in ihren Schleier (*ḥidschāb*) ein; dabei ist die *nafs* der Welt in all dem, was diese Uneiniges und Veränderliches hat, verschworen, da sie duldig dem kosmischen Gesetz der Form gehorcht; die aber zerteilt und bindet zugleich, während der überförmliche Geist eint, indem er gleichzeitig die wesentlichen Eigenschaften jeglichen Dings erfasst. Wenn dagegen der Geist über die Seele siegt, so verwandelt sich das Herz in ihn und gestaltet andererseits die Seele um durch das geistige Licht, das sich auf sie ergießt. Das Herz enthüllt sich dann als das, was es in Wahrheit ist, nämlich als die »Nische« (*mishkāt*), die das Göttliche »Geheimnis« (*sirr*) im Menschen birgt.

In diesen Bildern erscheint der Geist in einer männlichen Rolle im Verhältnis zur weiblichen Seele, obwohl das arabische Wort für Geist, *rūḥ*, weiblichen Geschlechts ist; in der Tat ist der Geist auch aufnehmend und seinerseits weiblich im Verhältnis zum höchsten Wesen, von Dem er sich nur in seiner kosmischen Rolle wirklich unterscheidet, sofern er sich nämlich in seiner Hinwendung auf die Geschöpfe auszeichnet; in seinem ursprünglichen Wesen ist der Geist eins mit der Göttlichen Tat oder dem Göttlichen Befehl (*amr*), den der Koran mit dem Wort »Sei!« darstellt und der die unmittelbare und ewige Äußerung des höchsten Seins ist: »Sie werden dich über den Geist befragen; sprich: Der Geist ist vom Befehl meines Herrn; doch es wurde euch nur wenig Wissen zuteil« (Koran 17:85). Im Vorgang der geistigen Befreiung von den Fesseln

16. Der Ausdruck *rūḥ* kann auch eine engere Bedeutung haben; insbesondere bezeichnet er, namentlich in kosmologischen Betrachtungen, den »Lebensgeist«, der zwischen Seele und Körper vermittelt.

der ichhaften Besonderheit eint sich der Beschauliche zunächst dem Geist und durch ihn der Uräußerung Gottes, durch welche »alle Dinge erschaffen sind« und ohne welche »nichts erschaffen wurde von all dem, was erschaffen ist« (Johannesevangelium 1.3).[17]

So bezeichnet streng genommen der Name »Sufi« den, der wesentlich der Göttlichen Tat geeint ist, weshalb man sagen kann: »Der Sufi ist nicht erschaffen worden« (*aṣ-ṣufī lam akhlāq*), was man auch so verstehen mag, dass das solchermaßen in die Göttliche Wirklichkeit eingegangene Wesen sich daselbst als das erkennt, »was es immer war«, indem es, wie Muhyīddīn Ibn 'Arabī sagt, seinen »unwandelbaren Wesensgrund in seinem Zustand des Nicht-Daseins« wahrnimmt, im Verhältnis zu welchem all seine übrigen erschaffenen, zeitlichen oder zeitlosen Daseinsweisen sich als bloße, unselbstständige Spiegelungen erweisen.[18]

❧

17. Für die alexandrischen [Kirchen-]Väter vollzieht sich die geistige Befreiung ebenfalls in drei Stufen, die dem Heiligen Geist, dem Wort und Gottvater entsprechen.

18. Wenn man berechtigterweise von einer unwandelbaren oder Göttlichen Möglichkeit eines jeglichen Wesens sprechen kann, aus welcher sich seine »persönliche Einzigkeit« ergibt, so bedeutet das, wie wir schon sagten, nicht, dass es in Gott irgendeine Vielheit gäbe, da ja Gott selbst der Urgrund jeglicher Einzigkeit ist. In islamischer Formel ausgedrückt: »Es gibt keine Einzigkeit, es sei denn die Göttliche Einzigkeit.«

Sufismus und Pantheismus

ES IST ZUR GEWOHNHEIT GEWORDEN, ALLEN BESCHAULICHEN Lehren des Morgenlandes und auch gewissen echten beschaulichen Lehren des Abendlandes »Pantheismus« vorzuwerfen, während derselbe als ausgesprochene Lehre – und nicht bloß als beiläufiger, dumpfer Irrtum – überhaupt nur bei einigen europäischen Philosophen vorkommt; ist er doch jenem gleichen Hang entsprungen, der auch zum Naturalismus und in der Folge zum Materialismus führte.

In der Tat vermag der Pantheismus die Beziehung zwischen dem Göttlichen Grund und den Dingen nur in der Weise eines gleichsam stofflichen oder daseinshaften Zusammenhangs aufzufassen – ein Irrtum, den alle überlieferungstreuen Lehren ausdrücklich verwerfen.[19] Wenn es nämlich einen solchen Zusammenhang gäbe, kraft dessen man Gott und das Weltall so miteinander vergleichen könnte wie etwa einen Baum und die Äste, die ihm entwachsen, so wäre ja das, was beides erkenntnismäßig umfasst, oder das, was beiden gemeinsam zugrunde liegt und kraft dessen sie überhaupt miteinander vergleichbar sind, mehr als das eine und das andere; mit anderen Worten: Gott wäre dann nicht Gott.

Sagt man aber, Gott sei selbst dieser Zusammenhang oder diese verbindende Grundlage, so ist eben der Zusammenhang oder gemeinsame Grund nicht außerhalb Seiner wahrnehmbar, was bedeutet, dass Er wirklich allem anderen unvergleichbar und also von allen kundgegebenen [manifestierten] Dingen verschieden ist, ohne dass deshalb irgendein Ding »außerhalb« von Ihm oder »neben« Ihm vorhanden wäre. Muhyīddīn Ibn 'Arabī sagt in diesem Sinne in seinem »Sendschreiben von der Einheit« (*Risālat al-aḥadiyya*):

> Niemand erfasst Ihn außer Ihm selbst. Niemand kennt Ihn außer Ihm selbst. [...] Er erkennt Sich selbst durch Sich

19. Vergleiche FRITHJOF SCHUON: *De l'Unité Transcendante des Religions,* Collection «Tradition». Paris: Édition Gallimard, 1948. Deutsch: *Von der inneren Einheit der Religionen.* Freiburg: Verlag Hans-Jürgen Maurer, 2007. Kapitel »Transzendenz und Universalität der Esoterik«.

> selbst. [...] Ein anderer als Er kann Ihn nicht erfassen. Sein undurchdringlicher Schleier ist Seine eigene Einzigkeit. Ein anderer als Er verbirgt Ihn nicht. Sein Schleier ist Sein eigen Sein. Er ist auf unerklärbare Weise durch Seine Einzigkeit verborgen. Ein anderer als Er sieht Ihn nicht, kein gesandter Prophet noch irgendein vollkommener Heiliger noch ein Ihm naher Engel. Sein Prophet ist Er selbst. Sein Gesandter ist Er. Seine Sendung ist Er. Sein Wort ist Er. Er hat Sein Selbst durch Sich selber, von Ihm selber, zu Sich selber gesandt, ohne dass irgendein Vermittler oder irgendeine Ursächlichkeit außer Ihm selber wäre. [...] Ein anderer als Er hat gar kein Sein und kann demnach auch nicht entwerden.[20]

Nun kommt es tatsächlich vor, dass esoterische Meister die wesentliche Einheit aller Dinge anhand eines stofflichen Zusammenhangs ausdrücken, etwa wie die Lehrer des indischen *advaita,* die die Dinge mit Gefäßen verschiedener Form, aber aus einem Ton gemacht, vergleichen; allein, gerade das Unzureichende eines solchen Vergleichs verhütet, dass man darin mehr als einen sinnbildlichen Hinweis sehe; ja, das verwendete Gleichnis ist letzten Endes dadurch gültig, dass zwischen der wesentlichen Einheit der Dinge, die insgesamt »aus Erkenntnis gemacht« sind, und ihrer stofflichen Einheit eine spiegelbildlich verkehrte Ähnlichkeit besteht.

Nie trachtet der beschauliche Geist danach, die Wirklichkeit in einer einzigen ihrer Weisen einzuschließen, weder in ihrer stofflichen Einheitlichkeit noch in irgendeiner ihrer Daseinsstufen wie der sinnlichen oder der geistigen allein. Er erkennt vielmehr unzählige Stufen von Wirklichkeit, deren Ordnung sich übrigens nie umkehren lässt, sodass man wohl vom Bedingten sagen kann, es sei eins mit seinem unbedingteren Grund, ja, es sei dieser Grund, – nicht aber vom Grund, er sei in seiner Kundgebung beschlossen. So sind alle Wesen Gott, wenn man ihre wesentliche Wirklichkeit betrachtet, aber Gott ist nicht die Wesen; nicht als ob Seine Wirklichkeit sie ausschlösse, sondern weil ihre Wirklichkeit angesichts Seiner Unendlichkeit nichts ist.

Zur wesentlichen Einheit (*aḥadiyya*), in der alle Vielheit »ertrinkt« oder »erlischt«, steht die metaphysische Auffassung von einer unerschöpflichen Vielfalt von Zuständen des Daseins keines-

20. Ins Französische übersetzt von Abdul Hadi in *Le Voile d'Isis,* Januar-und-Februar-Heft 1933, herausgegeben von Paul Chacornac, Paris.

wegs im Widerspruch, im Gegenteil: Jede dieser beiden Wahrheiten ergibt sich aus der anderen. Man versteht das, wenn man eine jede davon auf die Göttliche Unendlichkeit (*al-Kamāl*) bezieht: Bildlich gesprochen »fasst« die Unendlichkeit »zusammen« oder »breitet aus« je nachdem, ob man ihre grundsätzliche Bestimmung, nämlich die Einheit, oder ihre kosmische Spiegelung, die Unerschöpfbarkeit des Daseins, betrachtet.

Daraus mag man ersehen, dass die sufische Lehre von der Einheit (*aḥadiyya*), die, trotz gewisser Verschiedenheiten in der Darstellung, der Hindu-Lehre von der »Nicht-Zweiheit« (*advaita*) wesensverwandt ist, nichts mit einem philosophischen »Monismus« zu tun hat, wie es gewisse neuzeitliche Kritiker rein erkenntnismäßig gesinnter Meister wie Ibn 'Arabī oder 'Abd al-Karīm al-Dschīlī gern behaupten. Diese Behauptung ist übrigens umso seltsamer, als die Lehrweise dieser Meister gerade darin besteht, die äußersten seinshaften Gegensätze herauszustellen und die wesentliche Einheit nicht etwa durch verstandesmäßige Vereinfachung, sondern durch übergedankliche Lösung des Widerspruches zu erfassen. Sahl at-Tustarī, ein Vorgänger der genannten Meister, pflegte zu sagen: »Man erkennt Gott an der Vereinung der gegensätzlichen Eigenschaften, die sich auf Ihn beziehen.«

❧

Erkenntnis und Liebe

ES IST EIN KENNZEICHNENDER ZUG DES SUFISMUS, DASS seine Aussagen oft die Waage halten zwischen der Liebe und der Erkenntnis. Der Ausdruck von Empfindung geht tatsächlich leichter in jene religiöse Haltung über, die der Ausgangspunkt aller islamischen Esoterik ist; die Sprache der Liebe erlaubt die Aussage der innersten (esoterischen) Wahrheiten, ohne mit der dogmatischen Religion in Konflikt zu geraten; endlich entspricht die Trunkenheit der Liebe symbolisch Erkenntniszuständen, die über das logisch fortschreitende Denken hinausgehen. Es gibt auch Aussagen, die – ohne aus einer liebenden Einstellung hervorzugehen – dennoch Liebe hervorrufen, weil sie eine innere Schönheit widerspiegeln, welche an der Seele das Zeichen der Einheit ist. Aus dieser Einheit fließen die Klarheit und das Gleichmaß, während alle gedankliche Unruhe, alle Eitelkeit der Rede der Einfachheit und mithin der Durchlässigkeit der Seele für das Geistige widerspricht.

Unter den sufischen Schriftstellern legen einige, wie Muhyīddīn Ibn ʿArabī, Aḥmad Ibn al-ʿArīf, Suhrawardī von Aleppo, al-Dschunaid und Abū-l-Hasan asch-Schādhilī, eine zutiefst auf Erkenntnis gerichtete Haltung an den Tag; sie betrachten die Göttliche Wirklichkeit als den allheitlichen Gehalt allen Wissens. Andere, wie ʿUmar Ibn al-Fārid, Manṣūr al-Ḥallādsch und Dschalāl ad-Dīn Rūmī, sprechen in der Sprache der Liebe; für sie ist die Göttliche Wirklichkeit vor allem das grenzenlose Ziel ihres Verlangens. Aber diese Verschiedenheit der Einstellungen hat nichts mit Unterschieden von Schulen zu tun, wie es verschiedentlich angenommen wurde; danach wären die Sufis, die eine erkenntnishafte Sprache gebrauchen, dem Einfluss außerislamischer Lehren erlegen, wie zum Beispiel dem Neuplatonismus, und allein die Vertreter einer gefühlsmäßigen Einstellung wären Verkünder der wahren Mystik, welche aus der monotheistischen Sehweise hervorginge. In Wahrheit entspricht die Verschiedenheit, um die es sich handelt, der Verschiedenheit der Berufungen, die ganz natürlicherweise den verschiedenen menschlichen Besonderheiten aufgepfropft sind und die sämtlich im Rahmen des wahren *taṣawwuf* ihren Ort finden; der Unterschied zwischen der erkenntnishaften und der gefühlsmäßigen Einstellung ist nur der wichtigste und der umfassendste, den man in diesem Bereich bemerken kann.

Der Hinduismus, der durch eine außerordentlich gegliederte Entfaltung der geistigen Methoden gekennzeichnet ist, unterscheidet ausdrücklich die drei Wege der Erkenntnis (*jnana*), der Liebe (*bhakti*) und der Tat (Karma), und tatsächlich findet sich diese Unterscheidung in jeder vollständigen Überlieferung wieder. Im Sufismus entspricht die Unterscheidung der drei Wege der Unterscheidung der drei Hauptbeweggründe zum Streben nach Gott, der Erkenntnis – oder Gnosis – (*ma'rifa*), der Liebe (*maḥabba*) und der Furcht (*makhāfa*); der Sufismus neigt eher zu einer Synthese als zur Unterscheidung dieser drei Haltungen, und im »klassischen« Sufismus ist tatsächlich eine gewisse Ausgewogenheit zwischen der erkenntnishaften und der gefühlshaften Haltung zu beobachten. Der Grund dafür liegt zweifellos in der allgemeinen Struktur des Islams, dessen Grundlage die Lehre von der Einheit ist (*tawḥīd*), daher die erkenntnismäßige Ausrichtung, welche sich in sämtlichen Spielarten des beschaulichen Lebens durchsetzt; die Liebe aber entsteht von selbst überall dort, wo die Göttliche Wirklichkeit empfunden oder betrachtet wird.

Das bringt uns noch einmal zurück zu der Auffassung, wonach allein die Sufis, die eine liebende Haltung an den Tag legen, die wahren Vertreter der Mystik des Islams wären; hier werden Kriterien falsch ausgelegt, die nur innerhalb des Christentums gültig sind, dessen Grundthema die Göttliche Liebe ist, dergestalt, dass die Wortführer der christlichen Erkenntnislehre sich mit wenigen Ausnahmen mittels der Symbolsprache der Liebe ausdrücken. Im Islam ist das anders, dort ist auf all seinen Stufen der Vorrang der Erkenntnis unbestritten.[21] Indessen vertritt die wahre Erkenntnis, die Gnosis, keineswegs den Verstand auf Kosten des Gefühls und seiner Möglichkeiten; da das Herz, die geheime und unerreichbare Mitte des Wesens, ihr Organ ist, muss die Ausstrahlung der Erkenntnis den gesamten Bereich der Seele einschließen. Ein Sufi, der die »unpersönlichste« Erkenntnis verwirklicht hat, kann sich

21. Bemerken wir nebenbei, dass – wenn Muhyīddīn Ibn 'Arabī dem Begriff *'ilm,* der gleichfalls mit »Erkenntnis« übersetzt wird, eine umfassendere Bedeutung beilegt als dem Begriff *ma'rifa,* dann deshalb, weil der erstere nach islamischer Theologie einer Göttlichen Eigenschaft entspricht; *ma'rifa* – was man mit »Gnosis« übersetzen könnte, im Sinne des Clemens von Alexandrien – ist eine gelegentliche Teilhabe an der Göttlichen Erkenntnis.

dennoch in der Sprache der Liebe ausdrücken und jede lehrliche Dialektik ablehnen; bei ihm entspricht die Liebestrunkenheit den Zuständen der formfreien Erkenntnis, welche alles Denken übersteigt.

Im Ganzen genommen vermindert sich die Unterscheidung zwischen dem Weg der Erkenntnis und dem Weg der Liebe auf die Frage, was überwiegt; tatsächlich besteht niemals vollkommene Trennung zwischen diesen beiden Arten der Geistigkeit. Die Gotteserkenntnis erzeugt immer Liebe, und die Liebe setzt ein zumindest mittelbares widerscheinendes Wissen von dem geliebten Gegenstand voraus. Die geistige Liebe hat die Göttliche Schönheit zum Gegenstand, welche ein Anblick der Unendlichkeit ist; durch diesen Gegenstand wird das Verlangen hellsichtig; die vollkommene Liebe, die sich um einen einzigen, sprachlich nicht fassbaren Punkt dreht, bringt eine Art subjektiver Untrüglichkeit mit sich, das heißt, dass sie sich nicht – wie die der Erkenntnis – auf die allheitlichen und »objektiven« Wahrheiten anwenden lässt, sondern allein auf all das, was der »persönlichen« Beziehung des Beters zu seinem Herrn angehört. Da die Liebe die Schönheit zum Gegenstand hat, fällt sie grundsätzlich zusammen mit der Erkenntnis. In gewissem Sinne sind die Wahrheit und die Schönheit einander Kriterien, obwohl nicht jeder diese Kriterien anzuwenden versteht, weil die gefühlsmäßigen Vorurteile den Begriff der Schönheit entstellen, so wie – von einer anderen Seite her – der Rationalismus die Wahrheit.

Es ist sehr bezeichnend, dass es sozusagen keinen islamischen Metaphysiker gibt, der nicht Gedichte verfasst hätte und dessen noch so schwierige Prosa sich nicht an manchen Stellen in rhythmische Sprache mit poetischen Bildern verwandelte. Andererseits sind die Gedichte der berühmtesten Dichter der Liebe, wie ʿUmar Ibn al-Fārid[22] oder Dschalāl ad-Dīn Rūmī, durchsetzt von erkenntnishaften Betrachtungen.

Die Furcht (*makhāfa*) als Haltung, welche dem Weg der Tat entspricht, tut sich nicht unmittelbar durch den Stil des Ausdrucks kund; die Rolle, die sie spielt, ist inbegriffen. Es ist richtig, dass die Furcht sich nur an der Schwelle der Betrachtung hält; nichtsdestoweniger kann sie in ihrer geistigen Gegenwärtigkeit den Menschen

22. Vergleiche ÉMILE DERMENGHEM: *L'Éloge du vin – Poème mystique de 'Omar Ibn al-Fâridh.* Paris 1931.

aus dem Kollektiv-Traum der »Welt« hinausführen und ihn vor das Angesicht der ewigen Wirklichkeit stellen. Die Liebe ist der Furcht überlegen, so wie die Erkenntnis der Liebe überlegen ist; das trifft jedoch nur für die unmittelbare Einsicht zu, welche die Vernunft, das heißt das schlussfolgernde Denken, übersteigt, denn die geistige Liebe umfasst alle individuellen Fähigkeiten und prägt ihnen das Siegel der Einheit auf.[23]

Aḥmad Ibn al-'Arīf sagt von der Liebe (*maḥabba*), sie sei »der erste Schritt in die Täler der Auslöschung (*fanā'*) und der Hügel, von dem aus man zu den Stufen der tiefsten Demütigung (*mahū*) hinabsteigt; das ist die letzte Stufe, wo die Vorhut der Mehrheit der Gläubigen die Nachhut der Erwählten trifft.«[24] Muhyīddīn Ibn 'Arabī hingegen sieht in der Liebe den höchsten Stand der Seele; jede denkbare sonstige menschliche Vollkommenheit ordnet er ihr nach, was bei einem der hervorragendsten Vertreter des Erkenntnisweges seltsam erscheinen mag. Das kommt daher, dass für Ibn 'Arabī die Erkenntnis kein Stand der Seele ist; in ihrer Vollkommenheit hat die Seele nichts eigentlich Menschliches mehr, weil sie sich mit ihrem Gegenstand, der Göttlichen Wirklichkeit, in eins setzt. In ihrer unmittelbaren Gegenwärtigkeit ist die Erkenntnis also nicht mehr »beim« Menschen oder der Seele, sondern einzig »bei« Gott, weil sie keinen seelenhaften Umriss mehr hat; umgekehrt ist der höchste Stand der Seele kein psychologisches Korrelat der Erkenntnis, so wie die Vorsicht [*prudence*] oder die Wahrhaftigkeit, sondern sie ist vollkommene Liebe, gänzliches Aufgehen des menschlichen Willens im Angezogensein von Gott; es ist der Zustand der »glühenden Liebe«, deren menschliches Urbild Abraham ist.[25]

23. Über die Erkenntnis und die Liebe und die Unterscheidung der beiden Wege, die ihnen entsprechen, siehe FRITHJOF SCHUON: *Perspectives spirituelles et Faits humains.* Paris 1953.

24. Vergleiche IBN AL-'ARĪF: *Mahāsin al-madschālis.* Auf Spanisch übersetzt und kommentiert von Asin Palacios, auf Französisch veröffentlicht bei Geuthner, Paris 1933.

25. Vergleiche MUHYĪDDĪN IBN 'ARABĪ: *Die Weisheit der Propheten – Fuṣūṣ al-Ḥikam,* Kapitel über Abraham.

Von der sufischen Auslegung des Korans

Wahrlich, Wir sandten ihn (den Koran) hinab in der Nacht
des Geschicks [Nacht der Bestimmung].
Und was lässt dich wissen, was die Nacht des Geschicks ist?
Die Nacht des Geschicks ist besser als tausend Monate.
In ihr steigen die Engel und der Geist herab mit der Erlaubnis
ihres Herrn von jeglichem Befehl.
Frieden ist sie bis zum Aufgang der Morgenröte.

(Koran, Sure *al-Qadr,* 97:1–5)

DA DER SUFISMUS DEN »INNEREN« ISLAM DARSTELLT, SO IST seine Lehre auch wesentlich eine esoterische Auslegung des Korans. Die Schlüssel dazu hat der Prophet selbst in seinen mündlich überlieferten und durch die Übereinstimmung der Vermittler verbürgten Belehrungen gegeben. Von seinen Aussprüchen sind einige für den Sufismus grundlegend, nämlich die, welche er nicht als Gesetzgeber, sondern in seiner Eigenschaft als beschaulicher Heiliger tat und die er an jene seiner Gefährten richtete, die später die ersten sufischen Meister wurden; dann auch die sogenannten »heiligen Aussprüche« (*ahādīth qudsīyya*), bei welchen Gott selbst durch den Mund des Propheten spricht und die folglich einer gleich unmittelbaren Eingebung wie der Koran entspringen, nur dass sie nicht derselben »gegenständlichen« Weise von Offenbarung angehören; sie geben Wahrheiten kund, die nicht für die Gesamtheit der gläubigen Gemeinde, sondern nur für die beschaulichen Geister bestimmt sind. Das sind die Grundlagen der sufischen Exegese des Korans.

Nach einem Wort des Propheten enthält der Koran sieben »Inwendigkeiten«, das heißt, er besitzt vielfachen Sinn ähnlich anderen geoffenbarten Schriften, da der Vorgang der Offenbarung gewissermaßen den der Kundgebung überhaupt wiederholt, sodass die verschiedenen Bedeutungen den Stufen des Seins entsprechen.

Muhyīddīn Ibn ʿArabī schreibt:

> Die als Göttliches Gesetz (*scharīʿa*) offenbarten Schriften drücken sich, indem sie von Gott sprechen, so aus, dass die Mehrheit der Menschen den nächstliegenden Sinn davon zu fassen vermag, während die Auserwählten jeden Sinn verstehen, nämlich alle Bedeutungen, die jeglichem Wort den Regeln der verwendeten Sprache gemäß innewohnen (*Fuṣūṣ al-Ḥikam,* Kapitel über Noah).

Jede verhältnismäßig urtümliche Sprache, wie die arabische, die hebräische oder Sanskrit, besitzt etwas Vielschichtiges, sodass ein Ausdruck alle Weisen einer bestimmten Idee, vom Gegenständlichen bis zum rein Geistigen in sich birgt. Die esoterische Deutung einer in solcher Sprache geoffenbarten Schrift stützt sich auf diese Vieldeutigkeit der Worte und geht dabei von dem Grundsatz aus, dass nichts, was sich aus einem Satz logisch ergibt, nicht auch vom offenbarenden Geist gemeint sei.

Es genügt nicht zu sagen, dass die gewöhnliche Auslegung des Korans den unmittelbaren Sinn der Worte begreife, während die sufische Deutung einen übertragenen Sinn entdecke; sehr oft bleibt die Exoterik an einem gewohnheitsmäßig den Worten beigelegten, mittelbaren Sinn haften, wogegen die sufische Deutung vorbehaltlos den unmittelbaren und geistig notwendigen Sinn eines Ausdruckes wahrnimmt. So heißt es zum Beispiel im Koran, dass derjenige, welcher sich von Gott leiten lässt, »für sich selber« (*linafsihi*) die Rechtleitung annähme, was aber auch bedeuten kann, dass er sich »zu sich selber« leiten lasse, und ebenso heißt es, dass jener, der in Unwissenheit verharrt, »über sich selber« (*ʾalā nafsihi*) blind sei (17:14, 6:104); die »äußere« Deutung dieser Worte nun bleibt beim Gedanken der Göttlichen Belohnung oder Strafe stehen, während der Sufi diese Stelle im Sinne des Ausspruches des Propheten versteht: »Wer sich selber (*nafsahu*) erkennt, erkennt seinen Herrn«; und diese Auslegung ist nicht weniger wortgetreu als jene der Exoteriker, im Gegenteil: Sie enthüllt, ohne den erstgenannten Sinn auszuschließen, die logische Folgerichtigkeit der betreffenden Sätze, die sich übrigens in der Fortsetzung des Textes bestätigt findet, denn hier heißt es im Hinblick auf das Jüngste Gericht, an welchem der Mensch das offene Buch seines Lebens dargereicht bekommt: »Lies dein Buch; es genüge, dass du selbst heute die Rechnung über dich machst«, was auf einen Zustand der Selbsterkenntnis hindeutet, bei welchem der Mensch nunmehr völlig duldig ist.

Desgleichen, wenn der Koran aussagt, dass die Erschaffung der Himmel und der Erde und aller lebenden Wesen für Gott »wie die Erschaffung einer einzigen Seele« war, so sieht der Exoteriker darin allenfalls die Gleichzeitigkeit des Erschaffens, während der Esoteriker daraus des Weiteren auf die wesentliche Einheit des Weltalls, das wie ein einziges, allseitiges Wesen gebildet ist, schließt.

Muhyīddīn Ibn ʿArabī schreibt ebenfalls:

> Die Propheten bedienen sich einer dinghaften Sprache, denn sie wenden sich an die Allgemeinheit und verlassen sich dabei auf das Verständnis des Weisen, der sie vernehmen mag. Wenn sie in Bildern sprechen, so tun sie es mit Rücksicht auf die gewöhnlichen Menschen und weil sie wohl wissen, welcher Einsicht jene, die wirklich verstehen, fähig sind. [...] Alles, was die Propheten an Wissenschaften gebracht haben, ist in Formen gekleidet, die den allgemeinsten geistigen Fähigkeiten zugänglich sind, damit jener, der den Dingen nicht auf den Grund geht, bei dieser Einkleidung stehen bleibt und sie für das Schönste hält, was es gibt, während der Feinverständige, der Taucher nach den Perlen der Weisheit, sehr wohl zu sagen weiß, warum diese oder jene Göttliche Wahrheit in gerade diese irdische Form gekleidet erscheint« (*Fuṣūṣ al-Ḥikam,* Kapitel über Moses).

Das ist nicht so zu verstehen, als ob die Vieldeutigkeit eines offenbarten Ausspruchs einer Berechnung des betreffenden Propheten entspringe; das Gestaltwerden des Wortes ist hier blitzhaft, und sein Gerinnen entspricht Göttlichem Gesetz, wenn es auch auf die empfangende Umwelt Antwort gibt. Ibn ʿArabī fasst das nicht anders auf, ansonst könnte er nicht auch von der heiligen Wissenschaft der Buchstaben (*ḥurūf*) Gebrauch machen, nach welcher jeder Buchstabe des heiligen Buches, das heißt jeder seiner Laute – denn die arabische Schrift ist lautgebunden – eine gewollte Bestimmung der einen Offenbarung ist.

Um diese, dem neuzeitlichen Abendländer schwer fassbare Wertung einer heiligen Schrift – die doch sichtlich von gewissen geschichtlichen Umständen mitbedingt ist – verständlicher zu machen, sei darauf hingewiesen, dass sich jede Offenbarung, eben darum, weil sie »Offenbarung« und nicht bloß wortlose innere »Eingebung« ist, notwendigerweise durch die Form ausdrückt, und zwar kraft der Entsprechung, die zwischen den reinen, unergründlichen Eigenschaften des Göttlichen Seins und dem eigenschaftlichen – »qualitativen« – Wesen der Form besteht; dieses Wesen der Form aber besteht auch auf der elementaren Ebene des Lautes.

Es wird von Nutzen sein, hier die Lehre von der Offenbarung des Korans, wie sie in der Sure des »Geschicks« [oder: »Bestimmung«] (Sure 97, *al-Qadr*) enthalten ist, kurz zu erwähnen: In der »Nacht des Geschicks«, die eine Auslöschung alles zeitlichen Geschehens bedeutet – weshalb sie »besser als tausend Monate ist« –, wurde der Koran gesamthaft, als ungeteilter Zustand Göttlicher Erkenntnis auf den Propheten »herabgesandt« und gleichsam ihm einverleibt.[26] Dieser für Gedanken unergründliche Zustand der Erkenntnis, der in sich selbst reiner »Frieden« ist, übersetzte sich dann beim »Aufgang der Morgenröte« – das heißt mit der Rückkehr des Bewusstseins zur äußeren Welt – in Worte, und zwar in dem Maße, als die äußeren Ereignisse diese oder jene ihm innewohnende Wahrheit hervorriefen. Daher die wie in tausend Bruchstücke zersplitterte Form des koranischen Textes und seine endlose, stets in neue Wendungen gefasste Wiederholung derselben einfachen und doch gedanklich unausschöpfbaren Wahrheiten. Die Übersetzung der ungeteilten Göttlichen Erkenntnis in Worte geschah aus kosmischer Notwendigkeit, etwa so, wie der Blitz aus übersättigten Wolken herabfährt, und ohne verstandesmäßige Ausgestaltung, weshalb auch die Form so unmittelbar ist in ihren gedanklichen Bildern sowohl als auch in ihrem klanglichen

26. René Guénon schreibt über die »Nacht des Geschicks« (*lailat al-qadr*), in der die Herabsendung (*tanzīl*) des Korans stattfand:

> Nach dem Kommentar von Muhyīddīn Ibn 'Arabī ist diese Nacht eins mit dem Leib des Propheten. Was hier besonders zu beachten ist, das ist der Umstand, dass die Offenbarung nicht etwa im Denkvermögen, sondern im Leib des Wesens, das »gesandt« wurde, den Urgrund auszudrücken, Aufnahme findet: *Et Verbum caro factum est,* sagt auch das Evangelium (*caro* und nicht *mens*), und das ist, in einer der christlichen Überlieferung eigenen Form ausgedrückt, das ganz genaue Gegenstück zu dem, was die *lailat al-qadr* in der islamischen Überlieferung bedeutet (aus: «Les deux nuits» in: *Etudes traditionelles,* n^os^ d'avril et de mai 1939).

Ausdruck, in dem noch die geistige Macht, die ihn kundgab, weiterschwingt.

Um Missdeutung vorzugreifen, sei noch gesagt, dass das nichts zu tun hat mit irgendwelchem seelischen Ausbruch aus unbewusster Quelle von der Art, wie sie die moderne Psychologie wahrnimmt; denn das, was wir hier im überlieferten Sinne »kosmisch« nennen, setzt keine Unbewusstheit voraus, wenigstens nicht für die Wirklichkeit, die Ursache solcher »Herabsendung« ist. Die Offenbarung ist übernatürlich, da sie Göttlich ist; sie ist jedoch in bestimmter Hinsicht auch »natürlich«. Es gibt sogar auf der sinnlichen Ebene Geschehnisse, die zwar natürlich sind, aber doch die gewöhnliche Stetigkeit dieses Bereichs durchbrechen und in dieser Hinsicht wie Abbilder der Offenbarung erscheinen: Wir nannten schon den Blitz; auch der Schnee ist das Abbild einer Göttlichen »Herabsendung«, die die Welt verklärt und ihre Unreinheiten auslöscht; er gleicht weniger der Eingebung als dem ruhenden Zustand der Heiligkeit.

Die überlieferte Lehre von der Offenbarung des Korans ist übrigens wesentlich dieselbe wie die von der Offenbarung der Veden im Hinduismus: So wie der Koran bestehen auch die Veden von Ewigkeit an im Göttlichen Geist. Die Rishis empfingen sie – gleich wie die Propheten – sowohl durch das innere Gesicht wie auch durch das innere Gehör und gaben sie so, wie sie sie gesehen und gehört hatten und ohne gedankliche Auslese ihrerseits weiter.

In diesem Zusammenhang sei noch eine andere indische Lehre erwähnt, die ebenfalls dazu dienen mag, gewisse Wesenszüge des Korans zu erklären: Dieweil der offenbarte Wortlaut die Erkenntnis Gottes (und im Hinblick auf den Koran könnte man auch sagen: die Erkenntnis des Menschen in seinem Verhältnis zu Gott) zum einzigen Gegenstand hat, müssen die Dinge dieser Welt, die darin als Beispiele oder Gleichnisse genannt sind, gemäß dem allgemeinen, natürlichen Erleben der Menschen und nicht im Sinne von wissenschaftlichen Behauptungen verstanden werden; so wird zum Beispiel die Bewegung der Gestirne selbstverständlich nach dem menschlichen, das heißt nach dem geozentrischen Standpunkt beschrieben.

Auf den ersten Blick mag ein metaphysischer Kommentar zum Koran geistig dem Text selber überlegen erscheinen, weil die koranische Sprache glaubenshafter Form und dementsprechend an das menschliche Gefühl und an die menschenähnlichen Formen der

Einbildungskraft gerichtet ist, während der Kommentar unmittelbar die allhaften Wahrheiten darlegt. Allein, der metaphysische Kommentar leidet an den Nachteilen der abstrakten Ausdrucksweise, wogegen der heilige Wortlaut die Eigenschaften des konkreten Sinnbilds, nämlich dessen gesamthaftes Wesen besitzt, sodass eine gedrängte Form unbegrenzt mannigfache Bedeutungen zu enthalten vermag. Die sufischen Ausleger des Korans wissen auch, dass die menschenhafte und gleichsam kindliche Form des heiligen Wortlauts nicht nur nützlich ist, weil sie einer ganzen Gemeinde oder jedem Menschen einleuchten kann, sondern dass diese Sprache zugleich auch dem Vorgang der Göttlichen Kundgebung entspricht, in dem Sinne, dass es der Göttliche Geist gewissermaßen liebt, sich in bildhafte und nicht bloß verstandesmäßige Formen zu kleiden, worin mittelbar die Unvergleichbarkeit Gottes zum Ausdruck kommt, Der Sich »nicht schämt, eine Mücke zum Sinnbild zu nehmen«, wie der Koran sagt.[27] Wenn die dem Glauben entgegenkommende Ausdrucksweise des Korans einen »subjektiven« Anblick hat, so ist sie deswegen nicht minder »objektiv« an sich genommen und von der Göttlichen Seite gesehen, womit gemeint ist, dass die Weise, nach welcher die Göttliche Wahrheit sich in menschliche Formen hüllt, allgültigen Gesetzen gehorcht.

❧

27. Der heilige Dionysius Areopagita schreibt in gleichem Sinne:

> Wenn also in Bezug auf die Göttlichen Dinge die Bejahung weniger richtig und die Verneinung wahrer ist, so geziemt es sich nicht, dass man versuche, jene in heilige Dunkelheit gehüllten Geheimnisse in Gestalten kundzutun, die ihnen ähnlich sind; denn man erniedrigt nicht die himmlischen Schönheiten, im Gegenteil, man erhöht sie, indem man sie mit offensichtlich ungenauen Zügen darstellt, weil man damit zugibt, dass zwischen ihnen und den stofflichen Dingen eine ganze Welt klafft. [...] Übrigens muss man sich daran erinnern, dass nichts von alledem, was Dasein hat, ganz und gar der Schönheit bar ist; denn alle Dinge sind wesentlich gut, sagt die Wahrheit selbst (aus: *Von der himmlischen Hierarchie,* II, nach der französischen Übersetzung von Mgr Georges Darboy).

Die Zweige der Lehre

DA DIE SUFISCHE LEHRE KEINE PHILOSOPHIE, DAS HEISST kein gänzlich menschliches Denken ist, stellt sie sich nicht als eine in sich gleichartige Entfaltung eines verstandesmäßigen Standpunktes dar; sie umfasst notwendigerweise eine Vielheit von Standpunkten, die einander gelegentlich widersprechen können, wenn man lediglich ihre vernunftgemäßen logischen Formen betrachtet, ohne die allheitliche Wirklichkeit zu berücksichtigen, auf die sie sämtlich bezogen sind. So kann es vorkommen, dass ein Meister eine bestimmte lehrliche Behauptung eines anderen Meisters verwirft, obwohl er dessen Glaubwürdigkeit anerkennt. ʿAbd al-Karīm al-Dschīlī zum Beispiel verwirft in seinem Buch *al-Insān al-Kāmil* (»Der allheitliche Mensch«), das sich auf die Lehre Ibn ʿArabīs gründet, die Behauptung dieses Letzteren, die Gotteserkenntnis sei wie alle Wissenschaft abhängig von ihrem Gegenstand, weil diese Behauptung glauben machen könnte, die Gotteserkenntnis sei dem Bedingten untergeordnet; nun bezieht Muhyīddīn Ibn ʿArabī die Gotteserkenntnis auf die reinen Möglichkeiten, die in der Göttlichen Wesenheit grundsätzlich enthalten sind, dergestalt, dass die scheinbare Zweiheit der Erkenntnis und ihres Gegenstandes nur den Begriffen nach besteht und dass die Abhängigkeit, von der er spricht, nur ein vernunfthaftes Bild des grundsätzlichen Einsseins des Möglichen und des Wirklichen ist.[28]

Die sufische Lehre enthält mehrere Zweige, wobei sich zwei Hauptbereiche unterscheiden lassen, jener der allheitlichen Urwahrheiten (*ḥaqāʾiq*) und jener, der sich auf die menschlichen und individuellen Stufen des Weges bezieht (*daqāʾiq*); mit anderen Worten: die Metaphysik und eine »Wissenschaft von der Seele«. Diese Bereiche sind natürlich nicht dicht voneinander abgeschottet. Die Metaphysik umgreift alles; doch wird sie stets nach Gesichtspunkten betrachtet, die mit der geistigen Verwirklichung im Zusammenhang stehen. Die Kosmologie leitet sich von der Meta-

28. Ebenso bezieht sich, nach Origines, das Göttliche Vorwissen auf die reinen Möglichkeiten; es umfasst die Möglichkeiten, bestimmt sie aber nicht, und deshalb schließen das Göttliche Vorwissen und der freie Wille des Menschen einander nicht aus. Vergleiche die Philokalie des Origines über das Schicksal.

physik her und findet zugleich auf den Makrokosmos und den Mikrokosmos Anwendung dergestalt, dass es eine Seelenlehre von kosmischer Weite gibt wie auch eine Kosmologie, die analog der inneren Beschaffenheit des Menschen verfährt.

Um ganz klar zu sein, wollen wir noch bei diesen Bezogenheiten verweilen. Abgesehen von den beiden Bereichen (*ḥaqā'iq* und *daqā'iq*), auf die wir verwiesen haben, kann man auch drei Hauptbereiche der Lehre unterscheiden: die Metaphysik, die Kosmologie und die geistige Seelenlehre, eine Unterscheidung, die der Dreiheit Gott, Welt (*Makrokosmos*), Seele (*Mikrokosmos*) entspricht. Die Kosmologie wiederum kann entweder durch Anwendung metaphysischer Grundsätze auf den Kosmos – das ist die Betrachtung Gottes in der Welt – oder in Entsprechung zur Beschaffenheit der Seele gedacht werden. In ihrer vollständigen Entfaltung umfasst die Kosmologie übrigens zwangsläufig auch die kosmische Wirklichkeit der Seele; andererseits kann eine geistige Seelenlehre die Seele nicht von den kosmischen Ursprüngen abtrennen. Im Gewebe der Welt gibt es überhaupt keinen von Grund auf bestehenden Einschnitt; wohl besteht die Getrenntheit auf ihre Weise, sie ist das, was sie ist – aber außerhalb eines Prinzips der Einheit, die ihr ein Maß auferlegt, und ohne den Hintergrund eines Zusammenhangs, der sie offenbart, ist sie kaum begreiflich. So ist zum Beispiel die sichtbare Getrenntheit der einzelnen Wesen untereinander, die Abgesondertheit ihrer jeweiligen Bewusstseinszentren, nur das Zeichen ihrer einzigen Wesenheit, welche die »horizontale« Ebene ihrer gemeinsamen Natur »vertikal« übersteigt; was die Zusammenhanglosigkeit zwischen dem einzelwesentlichen Bewusstsein im Allgemeinen und den formfreien Stufen der Intelligenz betrifft, besteht sie wegen der gleichsam materiellen Ebene des Bewusstseins, die es »horizontal« mit den anderen formgebundenen Bewusstheiten verknüpft, es zugleich aber von ihrer einzigen Wesenheit trennt.

So stellt sich die Wirklichkeit gemäß verschiedenen Bezugsordnungen dar entsprechend dem Blickpunkt, den man einnimmt oder den die Natur der Dinge uns auferlegt; allein die Metaphysik vermag alle diese verschiedenen Sehweisen zu umgreifen und ihnen in dem Gewebe der Erscheinungen, welches das All ist, ihren Platz zuzuweisen.

An sich ist die Kosmologie eine analytische Wissenschaft, gemäß dem ursprünglichen Sinn dieses Begriffs; sie führt jeden Anblick der Welt zurück auf den ihm zugrunde liegenden Ursprung, das ist letztlich der tätige und der duldige Pol des Daseins, das »gestaltende« Prinzip und die formbare Substanz oder *materia prima;* die Integration dieser einander ergänzenden Prinzipien in der ersten Einheit gehört nicht zur Kosmologie, sondern zur Metaphysik.

Die sufische Seelenlehre, sagten wir, trennt die Seele weder von der metaphysischen noch von der kosmischen Ordnung. Die Bindung an den metaphysischen Bereich verschafft der geistigen Seelenlehre qualitative Kriterien, welche der weltlichen Psychologie vollkommen fehlen; diese nämlich untersucht lediglich den dynamischen Charakter der seelischen Erscheinungen, ihre mittelbare Ursächlichkeit. Wenn die moderne Psychologie eine Art Deutung der Seeleninhalte beansprucht, bleibt sie dennoch in einer individuellen Sehweise gefangen, denn sie vermag nicht wirklich zwischen solchen seelischen Formen, die allheitliche Wirklichkeiten ausdrücken, und scheinbar symbolischen Formen zu unterscheiden, die jedoch individuelle Triebe zum Ausdruck bringen. Das »kollektive Unbewusste« hat mit der tatsächlichen Herkunft der Symbole gewiss nichts zu tun, es ist höchstens ein chaotisches Sammelbecken von Rückständen, etwa wie der Schlamm des Ozeans, der die Spuren vergangener Epochen bewahrt.

Für die weltliche Psychologie besteht das einzige Band zwischen der Welt und der Seele in den Eindrücken, die durch die Pforten der Sinne in diese gelangen; die sufische Seelenlehre betrachtet die grundlegende Entsprechung zwischen dem Makrokosmos und dem menschlichen Mikrokosmos. Auf diese Ordnung von Ideen beziehen sich Wissenschaften wie die Astrologie, deren Symbolik bestimmte sufische Meister gelegentlich gebrauchten.[29]

Wir können den ganzen sufischen Pfad als einen Weg zur Selbsterkenntnis betrachten gemäß dem Wort des Propheten: »Wer sich selbst erkennt (*nafsahu*), erkennt seinen Herrn.« Eigentlich ist diese Erkenntnis letzten Endes auf das unwandelbare höchste Selbst (*huwiyya*), die eine Wesenheit, gerichtet, und in dieser Hinsicht befindet sie sich außerhalb jeder kosmologischen Sehweise, wie auch außerhalb jeder Psychologie; auf einer bedingten Stufe indessen, insofern als sie die individuelle Natur des Wesens betrifft, um-

29. Vergleiche Titus Burckhardt: *Une clef spirituelle de l'astrologie musulmane d'après Muhyi-d-dîn 'Arabî* (»Ein geistiger Schlüssel zur islamischen Astrologie nach Muhyīddīn Ibn 'Arabī«). Paris: Editions traditionelles, 1950. Auf Englisch übersetzt von Bülent Rauf als: *Mystical Astrology According to Ibn 'Arabī.* Louisville, KY: Fons Vitae, 2001.

fasst die Selbsterkenntnis zwangsläufig auch ein Wissen von der Seele. Diese Wissenschaft ist in einem gewissen Maße Kosmologie; sie ist vor allem ein Unterscheiden der Antriebskräfte der Seele.

Um zu zeigen, auf welche Weise das Unterscheidungsvermögen der Seele sich von kosmologischen Quellen leiten lässt, erwähnen wir hier als Beispiel einige sehr allgemeine Kriterien der Eingebung (*wārid*); zunächst sei festgestellt, dass es sich in diesem Fall nicht um die prophetische Eingebung, sondern um plötzliche Einsicht handelt, welche die geistigen Praktiken in der Regel hervorrufen. Diese Eingebung kann verschiedene Quellen haben; sie ist nur dann gültig, wenn sie aus der zeitlosen Mitte des Wesens hervorgeht, das heißt, wenn sie von dem »Engel« kommt, dem Strahl der allheitlichen Erkenntnis, der den Menschen mit Gott verbindet. Sie ist trügerisch, wenn sie der psychischen Welt entstammt, sei es dem Bereich der einzelnen Seele oder ihrer feinstofflichen Umgebung, oder auch – durch den menschlichen Seelenbereich hindurch – der untermenschlichen Welt und ihrem satanischen Pol. Die Eingebung, die von dem Engel – und damit von Gott – herrührt, vermittelt stets eine Vorstellung, welche das »Ich« erleuchtet und es zugleich in seinem Wert einschränkt, indem es einige seiner Täuschungen auflöst; die Eingebung, welche dem individuellen seelischen Bereich entstammt, ist Wortführerin einer verborgenen Leidenschaft und hat somit etwas Egozentrisches an sich und tritt nicht ohne unmittelbaren oder mittelbaren Anspruch auf; die Eingebung, die von dem satanischen Pol ausgeht, bringt außerdem eine Umkehrung der Wertstufungen mit sich und das Leugnen einer höheren Wirklichkeit.

Der Antrieb, der vonseiten der individuellen oder kollektiven Seele ausgeht, beharrt unermüdlich auf demselben Ziel – dem Ziel eines Begehrens –, während der satanische Einfluss sich nur vorübergehend einer leidenschaftlichen Lockung bedient: Er will nicht das Ziel der Leidenschaft, sondern die stillschweigende Leugnung einer geistigen Wirklichkeit; das ist der Grund, weshalb der Teufel der Auseinandersetzung ausweicht, indem er jedes Mal dann, wenn man seinen Beweisgrund zunichtemacht, das Thema wechselt. Er streitet nur, um zu verwirren; die leidenschaftliche Seele hingegen besitzt eine gewisse vernünftige Folgerichtigkeit, sodass ihr Antrieb durch hinreichend schlagkräftige Beweisgründe in bestimmte Bahnen gelenkt werden kann; der satanische Antrieb muss im Ganzen abgewiesen werden. Die drei Neigungen, von denen hier die Rede ist, die jeweils dem Wiedereingehen in die höchste Wesenheit, der von der Mitte wegstrebenden Zerstreuung und dem »Fall« in das untermenschliche Chaos entsprechen, haben ihre Analogien auf der Stufe des Allheitlichen.[30]

Es könnte einen erstaunen, wenn man sieht, wie viele sufische Bücher die Tugenden behandeln, während die Gotteserkenntnis (*ma'rifa*) das einzige Ziel des Weges ist und die ständige Sammlung auf Gott hin die einzige Voraussetzung, dorthin zu gelangen. Die Tugenden sind aber durchaus nicht nebensächlich, und gerade darum nicht, weil keine Bewusstseinsweise als außerhalb der vollständigen Erkenntnis – oder der Wahrheit – befindlich betrachtet werden kann, so wenig wie irgendeine innere Haltung als gleichgültig. Die »Schau des Herzens« (*ru'yat al-qalb*) ist eine Erkenntnis des Wesens insgesamt; es ist unmöglich, dass sich das Herz der Göttlichen Wahrheit öffnet, während die Seele eine Haltung einnimmt, die – wenn nicht bewusst, so zumindest tatsächlich – diese Wahrheit leugnet; und diese Alternative ist umso unsicherer als der Bereich der Seele (*nafs*) zum Vornherein von einer egozentrischen Illusion beherrscht ist, welche einen blinden Punkt voraussetzt.[31] Damit ist gesagt, dass die Wissenschaft von den Tugenden, welche die Wahrheit auf die Seele anwendet, die geistige Verwirklichung unmittelbar betrifft; ihre Kriterien sind schwer zu fassen, man kann sie nicht in einem Schema moralischer Verbote zusammenfassen, und ihre Bestimmungen sind lediglich Beispiele; ihr Ziel, die geistige Tugend, ist sozusagen ein gelebtes Symbol, dessen richtige Wahrnehmung von einer bestimmten inneren Entwicklung abhängt; das ist beim Verstehen der Lehre nicht notwendig der Fall.

In einem gewissen Sinn besteht die sufische Methode in der Kunst, die Seele für den Einfluss des Unendlichen offenzuhalten. Nun besitzt die Seele eine natürliche Neigung, sich wieder in sich selber einzuschließen, und diese Neigung kann nur durch eine Gegenbewegung ausgeglichen werden, die sich auf derselben Ebene bewegt, das eben ist die Tugend. Die metaphysische Wahrheit als

30. Im Hinduismus heißen sie *sattva, rajas* und *tamas.*

31. Der Mensch hat jedoch immer ein gewisses Bewusstsein der Falschheit seiner Haltung, selbst wenn sein Verstand sich davon keine Rechenschaft gibt; im Koran heißt es: »Ja, der Mensch ist wider sich selber ein Beweis. Auch wenn er seine Entschuldigungen vorhielte« (75:14). Der Mensch, der die Göttliche Erkenntnis verwirklichen will und dabei die Tugend missachtet, gleicht einem Dieb, der gerecht werden will, ohne die Ausbeute seines Diebstahls zurückzuerstatten.

solche ist unpersönlich und unbewegt; die Tugend überträgt sie in »persönliche« Art und Weise.

Die geistige Tugend ist nicht notwendig sozialer Art im unmittelbaren Sinn; die Äußerungen einer Tugend können zudem verschieden sein, entsprechend den Gesichtspunkten und den Umständen. So haben einige Sufis ihre Weltverachtung kundgetan, indem sie ärmliche und geflickte Kleidung trugen, andere vertraten die gleiche innere Haltung dadurch, dass sie prächtige Kleider trugen; für einen solchen Sufi ist die Bejahung seiner Person in Wirklichkeit nur eine Unterwerfung unter die unpersönliche Wahrheit, die er verkörpert; seine Demut ist sein Auslöschen in einem Anblick der Herrlichkeit, die ihm nicht zukommt.

Wenn die sufische Tugend der Form nach mit der religiösen Tugend zusammenfällt, so unterscheidet sie sich von ihr dennoch in ihrem betrachtenden Gehalt: Die Tugend der Dankbarkeit, zum Beispiel, gründet sich bei der Mehrzahl der Gläubigen auf das Gedenken an die Wohltaten, welche sie von Gott erhielten; sie enthält die Empfindung, dass diese Wohltaten wirklicher sind als die sonst erlittenen Leiden. Bei dem Betrachtenden tritt an die Stelle dieser Empfindung die Gewissheit: Für ihn ist die Fülle des in jedem Daseinssplitter gegenwärtigen höchsten Seins (*l'être*) unendlich viel wirklicher als die Grenzen der Dinge; bei einigen Sufis geht das so weit, dass sie eine Freude an dem empfinden, was für andere nur schmerzvolle Selbstverleugnung wäre.

Die geistigen Tugenden sind gleichsam Stützen der Göttlichen Wahrheit (*ḥaqīqa*) im Menschen; sie sind auch Widerscheine [Spiegelungen] dieser Wahrheit. Nun schließt jeder Widerschein eine gewisse Umkehrung in Bezug auf seine Quelle in sich: Die geistige Armut (*faqr*), zum Beispiel, ist der umgekehrte Widerschein der Fülle des Geistes. Die Aufrichtigkeit (*'ichlāṣ*) und die Wahrhaftigkeit (*ṣidq*) sind Ausdruck der Unabhängigkeit des Geistes hinsichtlich der Neigungen der Seele, und die Großmut (*karam*) ist ein menschlicher Widerschein der Göttlichen Hoheit;[32] diesen »positiven« Tugenden wohnt die Umkehrung in der Art und Weise inne, nicht im Gehalt, das heißt, sie sind gleichsam mit Demut gesättigt, während ihre Urbilder aus Majestät und Herrlichkeit gemacht sind.

32. Eines der geistreichsten Bücher über die Tugenden, das je geschrieben wurde, ist: IBN AL-'ARĪF: *Mahāsin al-madschālis.* Auf Spanisch übersetzt und kommentiert von Asin Palacios, auf Französisch publiziert bei Geuthner, Paris 1933.

II
Lehrliche Grundbegriffe

Von den Anblicken der Einheit

DIE ISLAMISCHE LEHRE LÄSST SICH GANZ UND GAR AUF DEN *tawḥīd,* die »Bejahung der (Göttlichen) Einheit« zurückführen, die für den Gläubigen die selbstverständliche und fraglose Grundlage ist. Allein, für die beschaulichen Geister liegt in dieser Bejahung nicht so sehr eine dem Verstand unmittelbar gegebene Wahrheit als vielmehr die Pforte zur verstandesmäßig unumfassbaren Wirklichkeit. Denn für die geistige Betrachtung wird die zunächst einfache Wahrheit der Göttlichen Einheit in dem Maße, als sie sich darin vertieft, an logischen Anblicken reicher, bis dahin, wo sich deren Gegensätze gedanklich nicht mehr versöhnen lassen, sodass das Denken hinter einer gesamthaften, jenseits von allem förmlichen Erfassen sich auftuenden Schau zurückbleiben muss.[33]

Die Göttliche Einheit wird durch die grundlegende Formel des Islams, das Zeugnis (*schahāda*), dass es »keine Gottheit außer *der* Gottheit« (*lā ilāha ill-Allāh*) gibt, umschrieben. Man muss diese Formel entweder so, wie wir sie anführen, oder dann mit den Worten: »Es gibt keine Gottheit außer Gott« übersetzen, nicht aber, wie es oft geschieht, mit den Worten: »Es gibt keinen Gott

33. In der christlichen Schau entfaltet sich die Einheit in den drei Hypostasen der Dreieinigkeit. Der Unterschied dieser Schau zur sufischen besteht darin, dass in christlicher Sicht die drei Hypostasen zum Vornherein als letztendliche Wirklichkeit betrachtet werden. Am Anfang sind sie zwar bloß ein undurchdringliches »Mysterium« für das Denken, während die Einheit der Göttlichen Natur allein einleuchtet. In der Folge der geistigen Vertiefung aber werden die drei »Personen« mitsamt ihren wechselseitigen Beziehungen offenbar, und erst von dieser in Gott ungeschiedenen Verschiedenheit aus erhebt sich die Einsicht – nicht die Schau im eigentlichen Sinne des Wortes – zur einen Wesenheit, Die allem bloß verstandesmäßigen In-Eins-Setzen unerreichbar ist.

außer Allāh«, womit man ihre eigentliche Bedeutung, die gerade in ihrem Paradoxon liegt, ganz verwischt: Ihr erster Teil, die »Entblößung« (*salb*) oder die »Verneinung« (*nafy*), verneint allgemein denselben Begriff der Gottheit (*ilāh*), den ihr zweiter Teil, die sogenannte »Bejahung« (*ithbāt*), ausschließlich bejaht. Mit anderen Worten behauptet die ganze Formel eine Idee – nämlich die der Gottheit –, die sie zugleich der Art nach verneint. Das ist aber das genaue Gegenteil einer »Definition«, denn etwas »definieren« bedeutet, dasselbe – nach Bestimmung seines spezifischen Unterschieds – auf die Art, das heißt also auf allgemeine Begriffe zurückzuführen; hier aber wird die Gottheit laut dieser Formel gerade dadurch »definiert«, dass sich ihre Wirklichkeit jeglicher Kategorie entzieht. Dieses Paradoxon gleicht jenem, das taoistischen Formeln innewohnt, wie den Sätzen: »Der Weg, der begangen werden kann, ist nicht der wahre Weg,« »der Name, der genannt werden kann, ist nicht der wahre Name.«[34] Hier wie im Fall des islamischen »Zeugnisses« wird eine Idee dem Denken vorläufig dargeboten, um danach all seinen Weisen entzogen zu werden.

Gott ist nach diesem »Zeugnis« von allem verschieden, sodass Er mit nichts verglichen werden kann, denn zwischen vergleichbaren Wirklichkeiten gibt es entweder Gemeinsamkeit der Natur oder Gleichheit der Bedingung, während die Gottheit beides überragt. Man kann also nichts Gott in irgendeiner Weise gegenüberstellen – denn auch der Gegensatz beruht auf Vergleich. Das aber bedeutet, dass angesichts der Göttlichen Wirklichkeit nichts anderes bestehen kann: »Gott war, und kein Ding [war] mit Ihm, und Er ist jetzt so, wie Er war« (*ḥadīth qudsī*).[35] So erreicht die äußerste »Entrückung« (*tanzīh*) Gottes ihren Gegenpol: In der unvergleichbaren Einheit Gottes ist alles Dasein einbezogen. Da sich Gott nichts gegenüberstellen lässt – es wäre sonst eine andere Gottheit (*ilāh*) –, kann jegliches Dasein nichts anderes sein als ein Abglanz der Göttlichen Wirklichkeit, ein Abglanz, der niemals neben Gott besteht und der überhaupt nur deshalb gesondert wahrnehmbar ist, weil Sich Gott »durch Seine Alleinheit in geheimnisvoller Weise vor uns verbirgt.«

Diesem Anblick des Göttlichen »Zeugnisses« gemäß wird jeglicher positive Sinn, den man dem Ausdruck *ilāh* (Gottheit) geben mag, in die Göttliche Alleinheit übertragen: »Es gibt keine Wirk-

34. Die ersten Worte des *Tao Te King*.

35. Ein Ausspruch des Propheten von unmittelbar Göttlicher Eingebung.

lichkeit außer *der* Wirklichkeit«; »es gibt keine Wahrheit außer *der* Wahrheit«; »es gibt keine Schönheit außer *der* Schönheit«; »es gibt keine Kraft außer *der* Kraft.«[36]

Man muss Gott nicht zu erfassen suchen, indem man Ihn auf die Ebene der Dinge herabzieht; dagegen gehen die Dinge in Gott auf, sobald man die wesentlichen Eigenschaften, aus denen sie bestehen, erkennt. Das ist der dem Standpunkt der »Erhabenheit« oder »Entrückung« (*tanzīh*) entgegengesetzte Standpunkt der Analogie oder Sinnbildlichkeit (*taschbīh*). Umgekehrt hebt die Göttliche Sicht, die allein wahrhaftig ist, die geschöpfliche Sicht und deren Inhalte auf.

Das Zeugnis, dass es »keine Gottheit außer *der* Gottheit« gibt, stellt die einschneidendste aller Unterscheidungen dar, denn sie scheidet zwischen Ewigem und Vergänglichem, Unbedingtem und Bedingtem, An-sich-Bestehendem und Abhängigem, Ursprung und Mittelbarem. Zugleich aber verbürgt dasselbe Zeugnis die Einung, denn eben dadurch, dass das Vergängliche, das Bedingte und das Abhängige diesen seinen Rang innehat, das Ewige, das Unbedingte und das An-sich-Bestehende aber von allen ihm irrtümlich zugedachten Schranken frei ist, eint sich das Erste dem Zweiten.[37] Die *schahāda* verneint die Welt nicht als solche, sondern nur in ihrer vermeintlichen Selbstständigkeit.

Auf die geistige Beschauung angewandt, zeichnet die *schahāda* die fortschreitende Verwandlung des unterschiedlichen, »Subjekt« und »Objekt« voneinander trennenden Bewusstseins in die unmittelbare und ungeschiedene Schau vor und ist damit die Formel jeglichen »Entwerdens«.

Die sufischen Meister nennen die unteilbare Einheit *aḥadiyya,* von *aḥad,* »eins«, die Erscheinung der Einheit in ihren allheitlichen Anblicken aber *wāḥidiyya,* von *wāḥid,* »einzig«; wir bezeichnen dieses zweite Antlitz der Einheit dementsprechend als »Einzigkeit«.

Die höchste Einheit ist unvergleichbar und ohne »Anblicke«; sie kann nicht gleichzeitig mit der Welt erkannt werden, was bedeutet, dass sie nur Gegenstand der unmittelbaren und ungeschiedenen Göttlichen Erkenntnis ist. Die Einzigkeit (*wāḥidiyya*) dagegen setzt gewissermaßen das All voraus, so wie das All die Einzigkeit

36. Siehe Frithjof Schuon: «Shahâdah et Fâtihah» in: *Le Voile d'Isis,* Juli 1933, Paris.

37. Auch nach der Lehre des *advaita* geht methodisch die Unterscheidung (*viveka*) der Einung voraus und mündet in diese ein.

voraussetzt. Das All erscheint in ihr auf Göttliche Weise; zugleich erscheint Gott in jeglichem der unzähligen Anblicke des Alls in jeweils einziger Weise, und alle Anblicke des Alls sind im einzigen Wesen Gottes inbegriffen.[38] Der Unterschied zwischen der Göttlichen Einheit und der Göttlichen Einzigkeit ist analog der vedantischen Unterscheidung von *Brahma nirguna* (der »eigenschaftslosen Gottheit«) und *Brahma saguna* (der »mit Eigenschaften begabten Gottheit«).

Logisch ist die Einheit in sich ununterschieden und zugleich Grundsatz jeglicher Unterscheidung. Als unteilbare Einheit im Sinne von *aḥadiyya* entspricht sie dem, was die Hindus mit dem Ausdruck »Nicht-Zweiheit« (*advaita*) bezeichnen; als Einzigkeit im Sinne von *wāḥidiyya* ist sie der positive Gehalt jeglicher Unterscheidung, denn nur durch seine gehaltliche Einzigkeit ist jegliches Wesen anders als durch seine bloßen Grenzen von den übrigen Wesen verschieden. Die Dinge unterscheiden sich übrigens durch ihre Eigenschaften, und diese lassen sich, sofern sie ein positives Wesen haben, in das Unbegrenzte übersetzen gemäß der Formel: »Es gibt keine Vollkommenheit außer der (Göttlichen) Vollkommenheit.« Nun beziehen sich aber die allheitlichen Eigenschaften auf die Göttliche Einzigkeit, denn sie sind gleichsam die möglichen »Anblicke« der Göttlichen Wesenheit, insofern diese der Welt innewohnt. Im Hinblick auf das einzige Sein, das sich in ihnen offenbart, kann man sie Strahlen vergleichen, die vom Urgrund ausgehen, ohne sich je von ihm zu lösen, und die alle verhältnismäßigen Möglichkeiten erleuchten. Sie sind gewissermaßen die »unerschaffenen Gehalte« der erschaffenen Dinge, sodass die Gottheit durch ihre Vermittlung zugänglich wird, mit der Einschränkung, dass die höchste Wesenheit (*Dhāt*), in der all ihre verschiedenen Wirklichkeiten zusammenfallen, vom Verhältnismäßigen aus unerreichbar bleibt. Die Entfaltung der vollkommenen Eigenschaften hat zum Gleichnis die Sonne, die durch ihre Strahlen sichtbar ist, ohne dass man sie selbst wegen ihres blendenden Glanzes anzuschauen vermag.

38. Man kann in der Göttlichen Einzigkeit mancherlei Dreiheiten wahrnehmen – unter den Zahlen ist übrigens die Dreiheit das nächste »Abbild« der Einheit –; allein, keine der im Sufismus betrachteten Dreiheiten entspricht ganz genau der christlichen Dreieinigkeit, die logisch mit der Menschwerdung des Wortes zusammenhängt, einer Sicht gemäß, in der sich die geistige Ursprünglichkeit des Christentums bekundet.

Die Göttlichen Eigenschaften, von denen die sufische Lehre spricht, entsprechen dem, was die orthodoxe Mystik die Göttlichen »Energien« (ἐνεργεια) nennt, die sie ebenfalls als unerschaffen jedoch der Welt innewohnend auffasst. Die Göttlichen Energien lassen sich von der Wesenheit (οὐσία) [*ousia*], die sie kundgeben, nicht trennen und sind doch von ihr verschieden – was man nur durch eine Schau wahrnehmen kann, »die die Göttliche Natur im Vereinen unterscheidet und durch Unterscheidung eint«, wie der heilige Gregor Palamas sagt. Dieselbe Wahrheit wird durch die sufische Formel ausgedrückt, die sich auf das Verhältnis der Eigenschaften zu Gott bezieht: »Weder Er noch etwas anderes als Er« (*lā Huwa wa lā ghayruhu*).

Die Wesenheit, sagt der heilige Gregor Palamas, ist »unmittelbar, unteilbar und unnennbar, über jeden Namen und jegliches Verstehen erhaben«; sie gibt sich nie »außer ihrer selbst« kund; allein, ihre Natur selbst bedingt einen »überzeitlichen Akt« der Offenbarung, kraft welchem sie auf gewisse Weise dem Geschöpf zugänglich wird, in dem Sinne, dass sich dieses »der Gottheit in ihren Energien eint.«[39] All das gilt ebenso für die sufische Lehre.

Die Göttlichen Eigenschaften, deren jede einzig und unvertauschbar ist, sind in ihrer Vielfalt unbegrenzt. Die Göttlichen Namen aber sind notwendigerweise in begrenzter Zahl, insofern sie nämlich die Eigenschaften in gewissen grundlegenden Typen zusammenfassen, die von der Heiligen Schrift verkündet wurden, und die auch »Gnadenmittel« sind, weil Gott mit ihnen »angerufen« wird. Allein, die sufischen Meister meinen oft mit den Göttlichen »Namen« alle in der Göttlichen Wesenheit enthaltenen, allheitlichen Möglichkeiten. Es ist das nichts anderes als eine Erweiterung der koranischen Sinnbildlichkeit: Im Koran offenbart Sich Gott durch Seine Namen, so wie Er Sich im All durch Seine vollkommenen Eigenschaften kundgibt.

Alle wirklichen Eigenschaften der Welt lassen sich auf die Göttlichen Eigenschaften oder »Namen« zurückführen, und diese sind in höchster Sicht nichts anderes als in der Göttlichen Wesenheit dem Vermögen nach enthaltene »Beziehungen« oder »Verhältnisse«, sodass in ebendieser Sicht alles, was Dasein hat, aus in der

39. *Die asketische und theologische Lehre des heiligen Gregorius Palamas (1296–1359)* vom Mönch Wassilij im Kloster St. Panteleimon auf dem Athos. Aus dem Russischen übersetzt von P. Hugolin Landvogt O.E.S.A., Würzburg 1939.

Göttlichen Wesenheit inbegriffenen und an sich nicht-daseienden Verhältnissen besteht.[40]

❧

40. Manche sufische Meister betrachten einen weiteren Anblick der Einheit, der zwischen der Einheit und der Einzigkeit ist, und den sie als Göttliche »Alleinheit« (*waḥda*) bezeichnen. In diesem Anblick sind die Möglichkeiten der Kundgebung ursätzlich bestimmt, ohne wirklich entfaltet zu sein. Die Göttliche Alleinheit hat vier ursätzliche »Antlitze«, nämlich die Erkenntnis (*'ilm*), das Bewusstsein (*schuhūd*), das Licht (*nūr*) und das Sein (*wudschūd*).

Von der Schöpfung

»Das eben zeigt dir Seine Allmacht – erhaben ist Er! –, dass Er Sich vor dir durch etwas verbirgt, das außer Ihm kein Sein hat.«

Ibn ʿAṭā ʿAllāh al-Iskandarī: *Ḥikam*

DER BEGRIFF DER »SCHÖPFUNG«, DER DEN DREI MONOTHEISTISCHEN[41] Religionen gemein ist, widerspricht scheinbar der wesentlichen Einheit aller Wesen, weil die *creatio ex nihilo,* die »Schöpfung aus dem Nichts«, das ewige Vorhandensein aller Möglichkeiten in der Göttlichen Wesenheit zu verneinen scheint, wogegen der Begriff der Kundgebung [Manifestation], so wie er den Hindus geläufig ist, die bedingten Wesen in ihrem Verhältnis zu der einen Wesenheit wie lauter Widerscheine im Verhältnis zu ihrer Lichtquelle auffasst. Allein, die beiden Begriffe – oder Sinnbildlichkeiten – nähern sich einander an, wenn man in Betracht zieht, dass das »Nichts« (*ʿadam*), aus welchem der Schöpfer die Dinge »schöpft«, in seiner metaphysischen Bedeutung nichts anderes sein kann als das »Nicht-Dasein«, das heißt die Nicht-Kundgebung oder der Urzustand vor dem Dasein: Da die in der Göttlichen Wesenheit ewig enthaltenen Möglichkeiten der Kundgebung in ihr nicht als solche unterschieden sind, ehe sie auf bedingte Weise entfaltet werden, haben sie auch in Ihr kein Dasein, denn das Dasein setzt schon – wenigstens grundsätzlich – die Scheidung in »Erkennendes« und »Erkanntes« voraus. Im Arabischen hat das Wort für »schöpfen« (*khalaqa*) zugleich die Bedeutung von »etwas sein besonderes Maß geben«, was auf die metaphysische Ebene übertragen dem uranfänglichen Bestimmen (*taʿayyun*) der Möglichkeiten im Göttlichen Erkennen entspricht. Gemäß dieser Bedeutung des Wortes *khalq* geht die »Schöpfung« logisch der »Hervorbringung zum Dasein« (*idschād*) derselben Möglichkeit oder der Kundgebung (*ẓuhūr*) voraus, sodass man die folgende Kosmogonie umreißen kann: Gott »erfasst« zunächst die kundgebbaren Möglich-

41. Wir verwenden hier diesen üblichen Ausdruck mangels eines besseren, wohl wissend, dass jede wahrhafte Überlieferung eine einzige höchste Ursache anerkennt.

keiten in einem Zustand vollkommener Gleichzeitigkeit, indem Er einer jeglichen davon ihre »Fähigkeit« (*qadr*), sich auf bedingte Weise zu entfalten, zuerteilt; dann bringt Er sie zum Dasein hervor,[42] indem Er Sich in ihnen kundgibt (*ẓahara*).

Denkt man an die Göttliche »Person« (*nafs*), die sich durch die allheitlichen Eigenschaften wie den Willen, die Tat und das Urteil kennzeichnen lässt, so kann man sagen, dass Gott in Seiner Eigenschaft als Schöpfer (*al-Khāliq*) eine Wahl der kundzugebenden Möglichkeiten trifft. Allein, für die unbeschreibbare und unendliche Wesenheit, die überpersönlich ist, sind die Möglichkeiten das, was sie ewiglich sind, das heißt, dass in der Unendlichkeit Gottes alle Möglichkeiten stets als solche enthalten sind samt allem, was eine jegliche von ihnen an dauernder oder vorübergehender Wirklichkeit einbedingt, also dass die Wahl der kundzugebenden Möglichkeiten einfach mit dem Wesen der Möglichkeiten selbst zusammenfällt. Und wie könnte es auch anders sein, denn die Möglichkeiten sind nur deshalb, weil sie Göttliche Möglichkeiten sind, sodass man auch sagen kann, das Göttliche Sein gebe sich selbst auf alle nur möglichen Weisen kund,[43] wobei es kein Ende seiner Möglichkeiten gibt.

Widerspruchsvoll bleiben all diese Betrachtungen der Schöpfung dem bloßen Wortlaut nach schon deshalb, weil man aus Rückschluss vom unterschiedlichen Dasein her von einer Vielheit der Möglichkeiten sprechen muss, dieweil doch die im Göttlichen Sein enthaltene Fülle keine Vielfalt nach der Art der unterschiedlichen Welt ist.

Welchen wesentlichen Anblick der Schöpfung man auch immer betrachten mag, stets ergibt sich daraus, dass die Welt im Grunde nichts anderes ist als die Kundgebung Gottes Sich selber gegenüber, gemäß dem heiligen Ausspruch (*ḥadīth qudsī*), der die Vorstellung der Schöpfung auf den Begriff der Erkenntnis zurückführt: »Ich war ein verborgener Schatz und wollte erkannt sein

42. Nach der Rangfolge, die im koranischen Wortlaut selbst angegeben ist (59:24), steht der Göttliche Name »der Schöpfer« (*al-Khāliq*) über dem Göttlichen Namen »der Hervorbringer« (*al-Bāri*) und dieser über dem Namen »der Formgeber« (*al-Muṣawwir*). In der Tat ist die Form abhängig vom Dasein. Das zeigt zugleich auch, dass die Urbestimmung der Möglichkeiten, im Sinne des Wortes *khalaqa,* nicht förmlich ist.

43. Nach Ibn ʿArabī kann man sowohl sagen, dass sich die Urmöglichkeiten (*aʿyān*) im Göttlichen Sein (*wudschūd*) spiegeln, wie auch, dass sich das Sein in den Möglichkeiten spiegelt, je nach dem Standpunkt.

(oder: erkennen), da erschuf Ich die Welt.« Im selben Sinne vergleichen die Sufis das Weltall einer Vielfalt von Spiegeln, in denen sich die unendliche Wesenheit Gottes in mannigfachen Formen selbst schaut, oder die auf verschiedenen Stufen die Strahlung (*tadschallī*) des einzigen Seins widerscheinen. Die Spiegel bedeuten die Möglichkeiten der Wesenheit (*dhāt*), sich selber zu bestimmen und, ohne begrenzt zu sein, sich scheinbar zu umgrenzen, nämlich die verhältnismäßigen Möglichkeiten, die sie kraft ihrer Unendlichkeit (*kamāl*) in sich trägt. Das wenigstens ist die rein metaphysische Bedeutung der Spiegel, denn sie haben auch noch einen kosmologischen Sinn, insofern sie nämlich die Urstoffe (*qawābil*) darstellen, die sich der reinen Tat oder dem Göttlichen Befehl (*amr*) gegenüber empfangend verhalten. Sowohl in diesem wie in jenem Falle liegt ein Gegenüber vor, das jedoch von der Einheit einbegriffen wird, da sich seine beiden Pole einerseits auf das Göttliche Sein (*wudschūd*), das nichts anderes als die allererste, vollkommene und unbedingte Äußerung der Wesenheit (*dhāt*)[44] ist, und andererseits auf die unwandelbaren Wesensgründe (*a'yān ath-thābita*) zurückführen lassen; diese unwandelbaren Wesensgründe aber sind nichts anderes als jene Möglichkeiten der Wesenheit, nämlich an sich unausgewirkte, reine »Urbestimmungen« oder »Beziehungsweisen« (*nusub*), die »als solche kein Dasein wohl aber unwandelbare Dauer haben« (Ibn 'Arabī: *Fuṣūṣ al-Ḥikam,* Kapitel über Henoch).

Man muss wohl verstehen, dass diese rein logische Gegenüberstellung des Seins und der »unwandelbaren Wesensgründe« oder reinen Möglichkeiten keineswegs voneinander gesonderte kosmische Größen meint, sondern gewissermaßen einen Schlüssel zur besinnlichen Rückführung aller denkbaren Zweiheiten auf die Einheit der Wesenheit darstellt; nichtsdestoweniger entspricht diese Gegenüberstellung einer metaphysischen Wirklichkeit. Das vom Propheten gegebene Gleichnis, wonach Gott die Welt in der Finsternis erschaffen hat und dann »von Seinem Licht« über sie »ausgoss«, bezieht sich auf dasselbe Gegenüber: Der Quell des Lichts ist das Göttliche Sein, der dunkle Raum aber entspricht den bloßen Möglichkeiten, die in der Wesenheit unausgewirkt enthalten sind. Man darf also dieses Gleichnis nicht im Sinne einer stofflichen »Ausgießung« oder »Emanation« verstehen, dieweil das Sein

44. An sich ist die Wesenheit von jeglicher Bestimmtheit frei, sogar von der Bestimmung des Seins (*wudschūd*), insofern diese die erste Bejahung der Wesenheit darstellt; diese ist also zugleich Sein und Nicht-Sein (*wudschūd wa 'adam*).

ja nicht aus sich selber heraustreten kann, wo doch nichts außer ihm *ist.*[45]

Das Sein offenbart die Wesenheit durch Bejahung, während sich die kundgebbaren Möglichkeiten gewissermaßen durch Verneinung mit der Wesenheit in eins setzen lassen, da sie in dem Maße, als man sie logisch vom Sein unterscheidet, nichts als Begrenzungen sind. Sie brechen gleichsam das Licht des Seins und erzeugen die in ihm erscheinende Vielheit, sind aber selbst nicht in der kundgegebenen Vielheit fassbar, sondern bleiben stets nur wesentliche, vom Werden unberührte Gründe. »In Wahrheit sind alle Möglichkeiten (*mumkināt*) grundsätzlich auf das Nicht-Dasein (*ʿadam*) zurückführbar«, schreibt Ibn ʿArabī in seinen *Fuṣūṣ al-Ḥikam,* »sodass es nichts Seiendes gibt außer dem Sein Gottes, (offenbart) in den ›Formen‹ der (Daseins-)Zustände, die sich aus den Möglichkeiten ergeben, gemäß dem, was diese Möglichkeiten an sich, in ihren wesentlichen Urgründen sind« (Kapitel über Jakob).

Die Unterscheidung von Sein und wesentlichen Möglichkeiten oder »unwandelbaren Wesensgründen«, die als solche an der Grenze des überhaupt noch Denkbaren liegt und sich in der Unendlichkeit Gottes auflöst, ermöglicht es, das Weltall unter zwei sich ergänzenden Gesichtswinkeln zu betrachten, indem man es entweder als eine Gesamtheit von »Selbstbestimmungen« oder »Ichwerdungen« (*taʿayyunāt*) der Wesenheit oder aber als eine Gesamtheit von Göttlichen »Offenbarungen« (*tadschalliāt*), die in jenen erscheinen, auffasst. Man erkennt das Sein durch Einung, wobei es sich in jeder kundgegebenen Möglichkeit als einzig erweist und alles in allem ist, während die Möglichkeiten als solche die Vielfalt begründen, ohne sich jemals wesentlich vom einen Urgrund abzulösen.

Wenn die metaphysische Unterscheidung, die wir so zu beschreiben trachten, außer Zweifel steht, und wenn sie sich sogar in logische Formeln fassen lässt, so liegt sie dennoch nicht auf der verstandesmäßigen Ebene; tatsächlich ist das scheinbare Zusammentreffen des Seins (*wudschūd*) mit den unwandelbaren Wesensgründen (*aʿyān*) – die nach Ibn ʿArabī »das Sein nie gerochen haben« – ebenso paradox wie das Zusammentreffen von »Dasein« (*wudschūd*) und »Abwesenheit« (*ʿadam*); gerade darin zeigt sich das, was die Buddhisten die »Leerheit der Dinge« nennen, und zugleich deren Wesen von bloßen Sinnbildern.

45. Licht und Raum sind die beiden unmittelbarsten Abbilder von Sein und Möglichkeit.

Die unwandelbaren Wesensgründe oder Archetypen

DIE WESENTLICHEN MÖGLICHKEITEN ODER »UNWANDELBAREN Wesensgründe« (*a'yān ath-thābita*), die ununterschieden in der Göttlichen Wesenheit ruhen, spiegeln sich zuallererst im allheitlichen Geist und erscheinen in ihm als die »Ideen« oder Archetypen, die Plato in seinem Gleichnis von der Höhle den wirklichen Gegenständen vergleicht, von welchen die Gefangenen nur die Schatten auf der Wand der Höhle sehen.

In diesem Sinne, das heißt, insofern sie die Lehre von den Archetypen anerkennen, sind alle Sufis notwendigerweise »Platoniker«. Die Lehre von den Archetypen ist übrigens mit der von der Allwissenheit Gottes eng verknüpft, wie es der persische Sufi Nūr ad-Dīn 'Abd ar-Raḥmān Dschāmi in seinem Buch *Lavā'ih*[46] deutlich ausdrückt:

> Das wahre Wesen jeglichen Dinges ruht immer, wenn auch unausgewirkt, im inneren Abgrund des wahren Seins, während seine wahrnehmbaren Eigenschaften äußerlich erscheinen. Denn es ist unmöglich, dass die in der geistigen Welt enthaltenen Göttlichen Ideen vergänglich seien; (das zu behaupten) würde die Leugnung Gottes nach sich ziehen« (Kapitel XXII).

In der Tat ist die Göttliche Erkenntnis vom Göttlichen Wesen nicht zu trennen; als vollkommene Erkenntnis aber muss sie das, was sie zum Gegenstand hat, wesentlich und also ewiglich umfassen.

46. *Oriental Translation Fund N.S.*, vol. XVI, englische Übersetzung aus dem Persischen von E.H. Whinfield und Mirza Muhammad Kazvīni. Dieses Buch, das übrigens zum großen Teil ein Kommentar der *Fuṣūṣ al-Ḥikam* des Ibn 'Arabī darstellt, kann als eine Zusammenfassung der sufischen Metaphysik gelten. In der angeführten Übersetzung wird der Ausdruck *'ayn* (Einzahl von *a'yān*) zuweilen mit »Substanz« wiedergegeben, was zu Missdeutungen Anlass gibt. Wir ziehen es vor, dieses Wort mit »Archetyp«, »unveränderlichem Wesensgrund« oder mit »wesentlicher Möglichkeit« zu übersetzen. Im Arabischen hat dieses Wort in der Einzahl übrigens auch die Bedeutung von Auge, Quelle und Einzelwesen; es gehört also zu jenen Worten, die sich in ihrer Vieldeutigkeit zu Stützpunkten der Besinnung besonders eignen.

Die Beweisführungen gewisser Philosophen gegen das Vorhandensein der platonischen »Ideen« verfehlen ihr Ziel, da diese »Ideen« oder Archetypen, wie Ibn 'Arabī sagt, gar kein Vorhandensein oder *Dasein* haben, weil sie nämlich gar nicht als gesonderte Substanzen bestehen, sondern bloß dem Geist innewohnende und letztendlich in der Göttlichen Wesenheit enthaltene Möglichkeiten sind. Übrigens entspringt der ganze philosophische Wortstreit um die Natur der *universalia* lediglich der Verwechslung von wirklichen Archetypen und deren nur gedanklichen Spiegelbildern. Gewiß sind die allgemeinen Ideen, insofern sie gedankliche Formen darstellen, nichts als bloße Abstraktionen; allein, diese Feststellung sagt über die eigentlichen platonischen »Ideen« oder Archetypen nichts aus, dieweil diese nur Anlagen des Geistes oder grundsätzliche Möglichkeiten sind, die übrigens die Voraussetzung jener Abstraktionen bilden, denen sonst jegliche einbegriffene Wahrheit abginge. Die »unwandelbaren Wesensgründe« sind Quelle und Voraussetzung jeder verhältnismäßigen Erkenntnis; sie zu leugnen, ist, als ob man den Raum leugnete, weil er selbst keine räumliche Gestalt habe. Nicht umschreiben kann man sie eben deshalb, weil sie sich nie *an sich* kundgeben, weder auf der sinnlichen noch auf der gedanklichen Ebene; doch geht alles, was diese beiden Bereiche enthalten, dem Wesen nach auf die Archetypen zurück. Wenn man diese zu erfassen trachtet, entweichen sie vor der unterschiedlichen Schau; sie können nur durch rein geistige Einsicht erkannt werden, sei es durch Ahnung, die von ihren Sinnbildern ausgeht, sei es unmittelbar, in der Einung mit der Göttlichen Wesenheit; in dieser aber gibt es kein Umgrenzen des erkannten Gegenstandes, wie auf der förmlichen Ebene.

In diesem Zusammenhang ist es bedeutsam, dass der koranische Ausdruck *dhikr* denselben Sinn hat wie die platonische »Erinnerung« und also das ahnungsweise Schauen der Archetypen ausdrückt, wobei dasselbe Wort gleichzeitig »Erwähnung« oder »Nennung« bedeutet, ein Doppelsinn, der zum Beispiel dem koranischen Satz *adhkurunī adhkurkum* (2:152) seine zweifache Bedeutung verleiht, denn dieser heißt übersetzt sowohl: »Erinnert euch Meiner, so werde Ich Mich eurer erinnern« oder »gedenket Meiner, so werde Ich eurer gedenken«, wie auch: »Nennet Mich, so werde Ich euch nennen« (Gott ist es, Der hier spricht). Solcherweise aber wird die »Erinnerung« an die ewigen Wesensgründe praktisch mit ihrer »Nennung« oder »Anrufung« (*dhikr*) verknüpft, entsprechend dem Mantra- oder *japa*-Yoga im Hinduismus. In der Tat wird die Erinnerung an eine Wirklichkeit gemeinhin durch deren innere »Nennung« wachgerufen; desgleichen erwacht die »Erinnerung« an eine ewige Wirklichkeit beim völligen Verschmelzen mit deren Sinnbild, das sowohl eine lauthafte wie auch eine andere Form haben kann. Anstelle der Vergangenheit, die sinnbildlich dem ursächlichen Zustand entspricht, tritt bei der geistigen »Erinnerung« die Zeitlosigkeit – die Ewigkeit oder reine Gegenwart. Damit hängt zusammen, dass in den semitischen Sprachen die Vergangenheit dazu dient, die zeitlose Tat Gottes auszudrücken. Mit dem Wort *dhikr* lässt sich sufisch jede Form der geistigen Ansammlung bezeichnen; die höchste »Erinnerung« aber ist das Sich-Innewerden des eigenen, in Gott ruhenden Wesensgrundes, und die höchste »Nennung« ist die Einung mit dem Göttlichen Wort, durch das alle Möglichkeiten ins Dasein gerufen werden.

Die sufische »Erinnerung« oder »Andacht« (*dhikr*) ist also gleich wie die platonische μνήμη [*mneme*] nicht psychologischer, sondern rein geistiger Natur, denn was durch sie vergegenwärtigt wird, ist wesentlich nicht irgendein bisher unbewusster Inhalt der Seele, sondern eine übersinnliche »Wahrheit« oder »Wirklichkeit« (*ḥaqīqa*), wenn auch die geistige Ansammlung das Erwachen ursprünglicher Seelenkräfte im Gefolge haben kann.[47] Gerade weil der innere Vorgang, um den es sich hier handelt, rein geistigen Wesens ist, vermag er sich auf elementare und vor allem auf leibliche Vorgänge zu stützen; nichts wäre verkehrter, als die Weisen der Anrufung für eine gröbere und mithin »unbewusstere« Art der Andacht zu halten denn etwa das freie Gebet. Es gibt eine wie im Spiegel umgekehrte Entsprechung zwischen dem elementarsten Bereich des Kosmos und dessen höchster geistigen Ordnung, sodass die organischen Hilfen zur Verwandlung des Bewusstseins in den überförmlichen Geist verwandt sind mit den großen Gezeiten der Natur, wie dem Kreislauf der Gestirne, den Wellen des Meeres und den Zuckungen der Liebe und des Todeskampfs.

❧

47. Umso weniger hat dieser Vorgang etwas mit gewissen psychologischen Methoden gemein, die es darauf absehen, die Inhalte der dunkelsten Sphäre des menschlichen Bewusstseins an den Tag zu fördern. Wo solche Unterströmungen in den Lichtkreis einer geistigen Ansammlung treten, werden sie im Gegensatz zu jener modernen Analyse keineswegs für das Wesen der Seele gehalten, sondern geistig ausgeschieden.

Von der »Neuerschaffung in jedem Augenblick«

WIR KOMMEN NUN ZURÜCK AUF DIE LEHRE VON DER SCHÖPFUNG und betrachten sie von einem besonderen Gesichtspunkt aus, der eng mit dem der geistigen Verwirklichung verbunden ist. Wir sagten, dass die »unwandelbaren Wesensgründe« (*a'yān ath-thābita*), das heißt also die reinen Möglichkeiten, in denen Gott Sich kundgibt und Sich selber vielfältig gespiegelt schaut, an und für sich niemals ins Dasein treten, sondern dass nur die in ihnen beschlossenen verhältnismäßigen Weisen – oder möglichen Verhältnisse – sich im Weltall entfalten. Genaugenommen treten aber auch diese Daseinsweisen nicht wirklich aus ihren Wesensgründen »heraus«, noch können sie sich irgendwie in zeitlicher Abwicklung erschöpfen; ihr Wandel ist ebenso unaufhörlich wie der der Wellen eines Flusses, die ihre Gestalt unablässig verändern und doch immer dem Gesetz gehorchen, das ihnen die Gestalt des Flussbetts auferlegt. In diesem Gleichnis, das wegen seiner allzu bildhaften Form notwendigerweise unvollkommen bleibt, entspricht das Wasser des Flusses dem unaufhörlichen »Überfließen« (*fayḍ*) des Seins, während das Flussbett die Urbestimmung oder den unwandelbaren Wesensgrund darstellt; die Wellen sind demnach die sinnlichen oder seelischen Formen, die sich aus diesem ontologischen Gegenüber ergeben. Man kann aber auch den unwandelbaren Urgrund oder den Archetyp einem farblosen Prisma vergleichen, das das Licht des Seins in vielfarbene Strahlen zerlegt; die Farbigkeit der Strahlen hängt dann zugleich vom Wesen des Lichts und von dem des brechenden Kristalls ab.

In der rein geistigen oder überförmlichen Welt (*'ālam al-arwāḥ* oder *'ālam al-dschabarrūt*) erscheint die Abwandlung der Widerscheine eines Archetyps wie eine Fülle gleichzeitig seiender, einander enthaltender Anblicke, gleich den vielen logischen Anblicken einer einzigen Wahrheit, oder wie die unerschöpflichen Wonnen, die eine einzige Schönheit in sich birgt. Auf dieser Stufe des Daseins ist die Fülle der Möglichkeiten am weitesten von der bloßen Wiederholung entfernt, weil sie unmittelbar die Göttliche Einzigkeit ausdrückt; doch alles erscheint hier in allem, und die Archetypen selbst wirken wie Spiegel, die einander gegenseitig reflektieren.

Sobald man aber zur Welt der Individuation herabsteigt, erscheinen die Spiegelungen eines jeden Archetyps in aufeinanderfolgender Weise, weil hier die kosmische Bedingung der Form wirksam ist, die die Abgrenzung und gegenseitige Ausschließung der Anblicke mit sich bringt. Diese Welt, die sowohl die seelischen als auch die körperlichen Formen umfasst, wird die »Welt der Gleichnisse« oder der »ähnlichen Formen« (*'ālam al-mithāl*) genannt, weil die Formen, die sich in ihr kundgeben, Gleichnisse ihrer unwandelbaren Archetypen sind, oder auch, weil auf dieser Stufe die Ähnlichkeit nacheinander auftretender, vom gleichen Wesensgrund abhängender Erscheinungen offenbar wird.

Auf den untersten Stufen des Daseins, namentlich in der körperlichen Welt (*'ālam al-adschsām*) nähert sich die Abwandlung der Formen der Wiederholung, die in der bloßen Menge liegt, ohne jedoch diese jemals zu erreichen, denn in der reinen Wiederholung würden sich alle unterschiedlichen Eigenschaften, die die Welt ausmachen, auflösen.[48]

Die Abfolge der Widerscheine eines Archetyps braucht nicht zeitlich oder räumlich zu sein; sie kann noch andere, nicht sinnliche Weisen haben. Man kann aber die zeitliche Abfolge als Sinnbild einer jeden möglichen Abwandlung betrachten und in dieser Hinsicht sagen, dass sich der »Abglanz« des Archetyps im Dasein in jedem Augenblick erneuert, sodass derselbe Zustand »gespiegelten« Daseins überhaupt nicht andauert, weil das einzelne Wesen eine fortwährende Entwerdung und eine unaufhörliche Neuerschaffung erfährt. In seinen *Fuṣūṣ al-Ḥikam* schreibt Ibn 'Arabī:

> Der Mensch gibt sich nicht von selber Rechenschaft darüber, dass er bei jedem »Atemzug« nicht ist und alsdann wieder ist (*lam yakun thumma kāna*). Und wenn ich »alsdann« sage, so meine ich damit keinen zeitlichen Abstand, sondern eine rein logische Abfolge. Bei der »Neuerschaffung in jedem Atemzug« fällt der Augenblick der Entwerdung mit dem Augenblick der Erschaffung eines Ähnlichen (*mathal*) zusammen (Kapitel über Salomon).

48. Siehe darüber René Guénon: *Le règne de la quantité et les signes du temps*, auf Deutsch: *Das Reich der Quantität und die Zeichen der Zeit.*

Im gleichen Sinne schreibt 'Abd ar-Razzāq al-Qāshānī:[49]

> Es gibt zwischen der Entwerdung und der Wiederkundgebung keinen zeitlichen Abstand, sodass man die Unterbrechung zwischen zwei ähnlichen und aufeinanderfolgenden Schöpfungen nicht wahrnimmt, weshalb das Dasein einheitlich erscheint (Kommentar zu den *Fuṣūṣ al-Ḥikam*).

Nach Ibn 'Arabī drückt der Koran diese Täuschung eines ununterbrochenen Daseins mit dem Wort aus: »Sie sind durch eine neue Schöpfung getäuscht«,[50] was bedeutet, dass sich die Menschen ihrer fortwährenden Entwerdung nicht bewusst sind, weil sie stets und ohne Unterbruch durch einander ähnliche Zustände in ihrer Wahrnehmung getäuscht werden (*Fuṣūṣ al-Ḥikam,* ebenda).

Man darf indessen diese kosmologische Darstellung einer unstetigen, in jedem Augenblick erneuerten Schöpfung nicht wörtlich nehmen, sagt doch Ibn 'Arabī selber, dass es sich um kein zeitliches sondern um ein rein logisches Nacheinander von Entwerden und Werden handelt, womit angedeutet ist, dass eben die Welt – oder das Dasein des Geschöpfs – keine Stetigkeit an sich hat, sondern in jedem Augenblick nur kraft ihrer höheren Ursache ist. In ähnlicher Weise vergleichen die Buddhisten das Dasein mit der Flamme einer Ampel [Hängelampe], die immer gleich zu bleiben scheint, in Wirklichkeit aber stets erneuert wird, sodass man weder sagen kann, die Flamme sei jetzt dieselbe wie vorher, noch, sie sei eine andere. Vom sufischen Standpunkt aus lässt sich dieses Gleichnis noch weiter ausdeuten[51] in dem Sinne, dass das Licht an sich das Sein (*wudschūd*) darstellt, während die Form der Flamme den Archetyp abbildet, kraft dessen die Flamme eine verhältnismäßige Stetigkeit besitzt. Denn so wahr es ist, dass die Flamme kein selbstständiges Dasein hat, so wahr ist es auch, dass sie vorhanden ist. Solche Gleichnisse verbildlichen bloß das, was man die grundsätz-

49. Sufischer Meister des dreizehnten Jahrhunderts, der die *Fuṣūṣ al-Ḥikam* des Muhyīddīn Ibn 'Arabī kommentiert hat.

50. »Sind Wir denn durch die erste Schöpfung erschöpft? Wahrlich, sie sind durch eine neue Schöpfung getäuscht« (50:15).

51. Der Buddhismus unterstreicht seiner besonderen Sicht gemäß nur die Unbeständigkeit des Kosmos, da für ihn die unwandelbare Wirklichkeit eins ist mit der »Leere« (*shunya*), die sich nicht positiv ausdrücken lässt. In einem ähnlichen Sinne spricht übrigens Ibn 'Arabī von dem »Nicht-Dasein« (*'adam*) der Archetypen oder unwandelbaren Wesensgründe.

liche Unstetigkeit des Kosmos nennen kann, eine Unstetigkeit, die nicht so sehr im zeitlichen Wandel liegt als vielmehr in der Geschiedenheit der Welt von Gott, welche ausmacht, dass das Dasein des Geschöpfs an sich genommen nur Täuschung ist.

Andererseits gibt es im Kosmos eine gleichsam restlose Stetigkeit, sofern er nämlich ganz und gar ein Widersein seines Göttlichen Grundes darstellt. 'Abd ar-Razzāq al-Qashānī drückt das so aus:

> Sofern der Mensch nur eine Möglichkeit von Kundgebung ist, jedoch nicht weiß, *was* ihn kundgibt, ist er bloße Abwesenheit (*'adam*); sofern er aber sein Dasein aus der ewigen Strahlung (*tadschallī*) der Göttlichen Wesenheit empfängt, *ist* er. Die ununterbrochene Offenbarung der Göttlichen Tätigkeiten, die den Göttlichen Namen (oder »Anblicken«) entspringen, erneuern ihn nach jeder Auslöschung, im Jetzt, ohne wahrnehmbares zeitliches Nacheinander, sondern in einer rein logischen Abfolge – denn es gibt da nur ein dauerndes Nicht-Dasein, nämlich das der reinen Möglichkeit, und es gibt zugleich ein dauerndes Sein, nämlich die Offenbarung der einen Wesenheit, dann aber Tätigkeiten und Individuationen, die sich mit den »Hauchen«, die von den Göttlichen Namen ausgehen, entfalten (Kommentar der *Fuṣūṣ al-Ḥikam*).

Der zuletzt erwähnte Text spricht von den Göttlichen »Hauchen« oder »Ausatmungen« (*anfās*), durch welche die bedingten Daseine entfaltet werden; man nennt die »Erneuerung der Schöpfung in jedem Augenblick« (*tadschdīd al-khalq fī kulli hin*) auch die »Erneuerung der Schöpfung in jedem Atemzug« oder »durch die Hauche« (*tadschdīd al-khalq bil-anfās*). Diese »Hauche« sind die Wirkungsweisen der »Göttlichen Ausatmung«, oder «Ausatmung des Barmherzigen« (*nafas ar-Raḥmān*). Damit ist das Göttliche Vermögen gemeint, das die kundgebbaren Möglichkeiten »ausweitet«, indem es sie von ihrem Urzustand in den Archetypen, der von der Kundgebung aus gesehen als eine »Zusammenpressung« (*karb*) erscheint, in den vielfältigen Zustand der Welt auswirkt. Die »Göttliche Ausatmung« ist gleichsam der mütterliche und weibliche Anblick der Schöpfungstat und damit die Ergänzung zum Göttlichen Befehl (*amr*), der durch das Wort »Sei!« (*kun*) versinnbildlicht wird und der reinen, unbewegten Tat entspricht. Ähnlich wie andere Sinnbilder dieser Art birgt das der »Göttlichen Ausatmung« in seinem Vergleich zwischen Göttlicher und menschlicher Wirklichkeit gewisse Hinweise auf die Weisen geistiger Vergegenwärtigung. Das arabische Wort *naffasa,* aus derselben Wurzel wie *tanaffasa,* »ausatmen«, bedeutet übrigens »ausweiten« und »trösten«,[52] sodass die Göttliche »Ausatmung«, die die Daseine »ausweitet«, gleichbedeutend ist mit der allumfassenden Barmherzigkeit (*raḥma*), durch die sich der Überfluss (*fayḍ*) des Seins auf die begrenzten Möglichkeiten »ergießt« (*afāda*). Andererseits bezieht sich der Begriff der »Ausatmung« auf das Sinnbild des Göttlichen Wortes: Da die verschiedenen Laute oder »Buchstaben«,[53] aus denen die Worte des geoffenbarten Buches bestehen, den im Kosmos gespiegelten Archetypen entsprechen, gleicht der Aushauch, der die gesprochenen Laute trägt und »äußert«, der Göttlichen Barmherzigkeit, die die kundgebbaren Möglichkeiten entfaltet und im Dasein erhält.[54] Demgegenüber entspricht der reine, ungeschiedene Laut gewissermaßen dem Göttlichen Befehl: »Sei!«[55]

Wenn man die Lehre von der unaufhörlichen Neuerschaffung der Wesen auf das Ich anwendet, so erkennt man, dass die Seele (*nafs*), die der »Welt der ähnlichen Formen« (*'ālam al-mithāl*) angehört, nicht die Stetigkeit des Wesens ausmachen kann; die Beständigkeit des seelischen Ichs ist nur eine Täuschung, da seine Form in jedem Augenblick »entwird und abermals wird«. Stetig ist es nur, insofern es einen Abglanz seines Archetyps oder unwandelbaren Wesensgrundes darstellt, den man auch das »Selbst« (*huwiyya*)[56] nennen kann. Der Strahl aber, der von diesem unwandelbaren Wesensgrund auf dessen wandelbares Abbild fällt und der die unaufhörliche Flucht einander ähnlicher Formen[57] der Seele beleuchtet, ist der übersinnliche Geist.

52. Nach der Lehre der Kirchenväter ist der Heilige Geist, der auch »Tröster« genannt wird, das Mittel, *in* welchem Gott die Welt durch Sein Wort erschafft.

53. Da die arabische Schrift phonetisch ist, bezeichnet der Ausdruck *ḥurūf* sowohl die Buchstaben, als auch die entsprechenden Laute.

54. Ibn 'Arabī vergleicht die »Göttliche Ausatmung« der allheitlichen Natur (*ṭabī'a*) und weist derselben eine ähnliche Rolle zu, wie sie die indische Lehre der *shakti* als der »hervorbringen Kraft« der Gottheit zuweist.

55. Nach der Lehre der griechischen Kirchenväter wurde die Welt »durch den Sohn im Heiligen Geist« erschaffen. Der Göttliche Befehl entspricht dem Wort Gottes, also dem Sohn. Es sei auch daran erinnert, dass der Heilige Geist »Tröster« genannt wird, was dem arabischen Ausdruck *naffasa* entspricht. Die Analogie zwischen dem »Aushauch des Barmherzigen« und dem Heiligen Geist gilt übrigens nur für die »ökonomische« Rolle des Letzteren und nicht für dessen hypostatische Person.

Vom Geist

DER ALLHEITLICHE GEIST (*rūḥ*), DER AUCH DIE ERSTE VERnunft (*'aql al-awwal*) genannt wird, kann, je nachdem, als erschaffen oder auch als unerschaffen betrachtet werden. Nach dem Ausspruch des Propheten: »Das Erste, was Gott erschuf, war der Geist« (*rūḥ*), ist er erschaffen; nach der koranischen Stelle jedoch, wo Gott von Adam sagt: »Und Ich blies ihm von Meinem Geist ein«, ist er unerschaffen, denn der Geist Gottes lässt sich vom Göttlichen Wesen nicht trennen. Dagegen bleibt bei der koranischen Stelle, die vom Wesen des Geistes selber handelt, diese Frage offen: »Sie werden dich über den Geist befragen; sag ihnen: ›Der Geist ist vom Befehl (*amr*) meines Herrn‹« (17:85); das kann sowohl bedeuten, dass der Geist gleichen Wesens ist wie der Göttliche Befehl, das »Wort«, durch das alles erschaffen wurde und das notwendigerweise selbst unerschaffen ist; oder es kann auch heißen, dass der Geist vom Göttlichen Befehl unmittelbar ausgehe, als erstes und höchstes Geschöpf.

Der Geist besitzt sowohl den einen wie den anderen Anblick, weil er selbst der Vermittler zwischen dem Göttlichen Sein und dem bedingten Weltall ist. Er ist unerschaffen in seinem unwandelbaren Wesen, erschaffen aber als erste kosmische Wirklichkeit. Man vergleicht ihn dem »höchsten Schreibrohr« (*qalam al-a'lā*), mit dem Gott alle Geschicke auf die »bewahrte Tafel« (*lawḥ al-maḥfūz*) schreibt, die ihrerseits der allhaften Seele (*nafs al-kulliyya*) verglichen wird. Denn der Prophet hat gesagt: »Das Erste, was Gott erschuf, ist das Schreibrohr; dann erschuf Er die (bewahrte) Tafel und sprach zum Schreibrohr: ›Schreib!‹ Es gab zur Antwort: ›Und was soll ich schreiben?‹ Er sprach: ›Schreibe Mein Wissen von Meiner Schöpfung bis zum jüngsten Tage auf.‹ Da schrieb das Schreibrohr, was ihm befohlen war.« Der Geist umfasst demnach das ganze, auf die Geschöpfe bezogene Göttliche Wissen, sodass er

56. Wörtlich die »Er-Heit«, vom Pronomen *huwa,* »er«, das hier die Abwesenheit der Zweiheit von »ich« und »du« ausdrückt.

57. »Wir (Gott) sind nicht überholt, wenn Wir euch durch euresgleichen (*amthālakum*) vertauschen und euch in (einer Gestalt), die ihr nicht kennt, entfalten wollten« (Koran 56:60–61).

selbst die Wahrheit der Wahrheiten oder die Wirklichkeit der Wirklichkeiten (*ḥaqīqat al-ḥaqā'iq*) oder auch deren unmittelbarstes Abbild ist, je nach dem Anblick, den man ins Auge fasst.

Gewisse sufische Verfasser, wie zum Beispiel 'Abd al-Karīm al-Dschīlī, geben dem unerschaffenen Wesen des Geistes den Namen Heiliger Geist (*rūḥ al-qudus*), indem sie diesen seinen höchsten »Anblick« dem Antlitz Gottes (*wadschh Allāh*) vergleichen.

Das unerschaffene Wesen des Geistes entspricht dem, was die Hindus als *purusha* oder *purushottama* bezeichnen, während seine erschaffene Natur dasselbe ist wie *buddhi,* das »geistige Licht«. Nun ist aber *buddhi* nach der indischen Lehre die erste Hervorbringung von *prakriti,* der *materia prima* oder des ewigen Urstoffes,[58] was besagt, dass *buddhi* zwar überförmlicher, nicht ichhafter Natur, aber gleichwohl »erschaffen« ist, denn »Geschöpf« ist alles, was am duldigen Wesen des Urstoffes teilhat und ihm eingeprägt ist.

Der sufische Name für die Substanz oder *materia prima* ist *habā',* ein Ausdruck, der auf den Kalifen 'Alī, den geistigen Nachfolger des Propheten, zurückgeht und wörtlich den feinen, in der Luft schwebenden und nur durch einen Sonnenstrahl sichtbar werdenden Staub bedeutet. Dieses Sinnbild aber verdeutlicht nicht nur das Wesen der *materia prima,* es erklärt auch das zweifache Wesen des Geistes, denn dieser ist es, der *habā'* erleuchtet, sodass er dem Strahl gleicht, der auf dem feinen, in der Luft schwebenden Staub widerscheint: So wie dieser Staub nur sichtbar wird in dem Maße, als er das Licht bricht, so zeichnet sich auch der Strahl als solcher nur dadurch ab, dass er durch das Filter der Staubkörnchen fällt.

Das nicht in Strahlen geschiedene eine Licht gleicht dem unerschaffenen Geist, während das als Strahl sich abzeichnende Licht den erschaffenen Geist darstellt, der als solcher gleichsam »zielstrebig« ist wie ein gerichteter Strahl. Im Gegensatz zum Licht, das die Einheit offenbart, bewirkt der feine, an sich unsichtbare Staub die Brechung der Einheit in die Vielheit und zeigt damit so gut als möglich das Wesen von *habā',* der *materia prima,* die an sich genommen kein Dasein hat – »Licht« steht hier für Sein – und nur durch ihre Wirkungen mittelbar in Erscheinung tritt; von all ihren

58. Siehe René Guénon: *L'Homme et son devenir selon le Vedanta,* Kapitel über *purusha* und *prakriti.*

Wirkungen ist die mengenhafte Brechung des Daseins die gröbste, was hier durch die Unmenge der Staubkörnchen zum Ausdruck kommt. Endlich ist nach diesem Gleichnis der vom Licht beleuchtete Staub das Abbild des Weltalls.

In gewissem Sinne ist die ganze Kundgebung zwischen den beiden Polen des unerschaffenen Geistes und der *materia prima* ausgespannt. Man kann diese beiden Pole, die stets den beiden koranischen Sinnbildern des Schreibrohrs und der bewahrten Tafel entsprechen, auf verschiedenen Stufen wahrnehmen, wobei ihre Paarheit eine mehr oder weniger große Tragweite erhält. Wir nannten schon das Paar des Geistes und der allhaften Seele (*nafs al-kulliyya*), die der *psyche* Plotins entspricht. Diese Gegenüberstellung umfasst natürlich weniger als die erste, denn die allheitliche Seele deckt sich nicht schlechthin mit dem allheitlichen Urstoff, sondern spielt bloß dem erschaffenen Geist[59] gegenüber eine ähnliche Rolle. Dasselbe Verhältnis wiederholt sich dann stets bedingter in den unteren Daseinsstufen und so auch im Gegenüber des Geistes und der Seele des Menschen.

Das erfordert einige Erklärungen über den Unterschied zwischen der allheitlichen und der ichhaften Seele: Die letztere ist durch die Form bedingt, während die allhafte Seele notwendigerweise überförmlich ist. Die allhafte Seele ist wie ein Urstoff, aus dem alle einzeltümlichen Seelen »geschöpft« sind, wobei ihre Unterscheidung durch das Siegel des Geistes bewirkt wird, das gleichsam die *forma* im Unterschied zur seelischen *materia* darstellt – dem peripatetischen Sinn dieser Ausdrücke gemäß. Andererseits aber ist es gerade der Geist in seiner wesentlichen Wirklichkeit, der alle ichhaften Seelen vereint, während die Seele in ihrer »Stofflichkeit«[60] diese Einheit bricht und somit die Wurzel der ichhaften Vielfalt darstellt. Geistige Einheit und »stoffliche« Verbundenheit stehen sich stets polar gegenüber. Sofern sich nun der Geist gewis-

59. *Nus* nach Plotin.

60. Man muss hier natürlich den Begriff des Stoffes in einem übertragenen Sinn verstehen, ebenso wie der überlieferungstreue Begriff der *materia* nicht auf die sinnliche Welt beschränkt ist, sondern sich auf alles Erschaffene, das heißt auf alles Endliche erweitern lässt. Gäbe es nicht eine seelische *materia,* so wäre die Seele reine Tat ohne jegliche Duldigkeit; sie wäre ihre eigene Ursache. Das bedeutet keineswegs eine Verneinung der Unsterblichkeit der Seele. Desgleichen bedeutet die Bezeichnung der ichhaften Seele als »formgebunden« nicht, dass ihrer Form etwas Bildhaftes eigne.

sermaßen in einzelne, den verschiedenen Individuen entsprechenden Strahlen unterscheidet, kann man von vielen »Geistern« reden, wiewohl der Geist nur im Bereich der Seele vielheitlich auftritt.

Wir kommen nun zurück auf das erste all dieser tätig-duldigen Paare, den unerschaffenen Geist und die *materia prima* (*habā'* oder *hayūlā,* von *hyle*), die in ihrem geheimsten »in Gott verborgenen« Urgrund als der »höchste Urzustand« (*'unṣur al-a'zham*) bezeichnet wird. Dieselbe grundlegende Paarheit wird auch wahrgenommen als der Gegensatz zwischen dem Göttlichen Befehl (*amr*) und der allhaften Natur (*ṭabī'a*), die sich dem Ersteren gegenüber ebenfalls duldig und empfangend verhält. Der Göttliche Befehl ist gleichsam ein ununterbrochenes Wunder, eine nie aus dem reinen Jetzt heraustretende, unerschöpfliche Tat, während dem Begriff der »Natur« das Kennzeichen der Zwangsläufigkeit anhaftet, die aber hier nichts anderes als die Duldigkeit gegenüber dem Göttlichen Befehl ausdrückt. Im Vergleich zur *materia prima,* die vornehmlich als ruhendes Vermögen denkbar ist, eignet der allhaften Natur ein dynamisches Wesen, sodass man sie in dieser Hinsicht als den mütterlichen, »gebärenden« Anblick der *materia prima* bezeichnen kann. Es ist wohl zu beachten, dass diese Paare von Daseinsgründen, wie der Geist und die *materia prima,* der Göttliche Befehl und die Natur oder der Geist und die Seele, je nach dem Standpunkt der Betrachtung eine mehr oder minder große Spannweite haben können und dass namentlich der als *materia prima* (*habā'*) oder als *hyle* (*hayūlā*) bezeichnete duldige Pol auf sehr verschiedener Ebene aufgefasst werden mag, woraus sich scheinbare Widersprüche zwischen einzelnen lehrlichen Darstellungen ergeben. Im Großen und Ganzen ist zu sagen, dass die Kosmologie als eine wesentlich analytische Wissenschaft – im echten Sinne dieses Wortes – die Kundgebungen auf die beiden Pole, den tätigen und den duldigen oder den »männlichen« und den »weiblichen«, zurückzuführen vermag, dass aber die Zurückführung dieser beiden, in ihrer gegenseitigen Ergänzung die Einheit spiegelnden Pole auf ihren einzigen Ursprung nur der metaphysischen Schau gelingt. Aus ebendiesem Grund sind für die Kosmologie sowohl der Geist als auch die *materia prima* stets erschaffen.

Als Vermittler zwischen dem reinen Sein und der Welt ist der Geist das Werkzeug aller prophetischen Kundgebungen, sodass sich die überlieferten Kennzeichnungen des Propheten auch auf ihn beziehen lassen: Er ist der »Verherrlichte« (*Muhammad*), weil er die ganze, den Kosmos durchdringende Ausstrahlung Gottes in sich zusammenfasst; er ist der vollkommene »Knecht« (*'abd*), weil er sich Gott gegenüber ganz und gar empfangend verhält, insofern er durch seine erschaffene Natur von Gott unterschieden ist; er ist der »Gesandte« (*rasūl*), weil er unmittelbar von Gott ausgeht, nämlich seinem unerschaffenen Wesen nach; und er ist der »Schriftunkundige« (*ummī*), da er sein Wissen unmittelbar von Gott empfängt ohne das Mittel irgendeines »Zeichens«, das heißt irgendeines erschaffenen Wesens außer ihm.

❧

Vom allheitlichen Menschen

DA DIE GÖTTLICHE TAT WESENTLICH EINE EINZIGE IST, HAT sie auch einen einzigen Gegenstand; vom »Göttlichen Standpunkt« aus ist die Schöpfung ganz in ihrem ungeteilten Urbild enthalten, in dem sich alle Göttlichen Eigenschaften oder »Beziehungsweisen« ohne Vermengung noch Trennung offenbaren. Der Koran sagt: »Wahrlich, Wir haben jegliches Ding in einem offenbaren Vorbild (*'imām*) aufgezählt« (36:12). Vom Standpunkt der Schöpfung aus dagegen muss das All vielfältig und zerteilt erscheinen, weil es hier als von Gott geschieden erkannt wird, Gott allein aber eins ist. Was also in der Göttlichen Sicht sich ergänzende Anblicke einer einzigen, unzerteilten und unerschöpfbaren Fülle sind, das fällt in bedingter Sicht mehr und mehr auseinander und scheidet sich nach Polen, wie tätig und duldig, Makrokosmos und Mikrokosmos, Gattung und Einzelwesen,[61] solcherweise, dass einem jeden der einander entgegengesetzten Teilanblicke eine besondere Vollkommenheit zukommt: Der Mann ist vollkommen durch seine Männlichkeit, das Weib durch seine Weiblichkeit; der Makrokosmos ist vollkommen dadurch, dass er alle Einzelwesen umfasst und in seiner Ordnung die Göttliche Beständigkeit und Macht ausdrückt – »Seid ihr denn von stärkerer Beschaffenheit als der Himmel, den Er baute?« (Koran 79:27); der Mikrokosmos besitzt seine ihm eigene Vollkommenheit darin, dass er die Mitte des ihn umgebenden Weltalls ist.

Diese mikrokosmische Vollkommenheit erreicht ihren Höhepunkt im Menschen, dem gegenüber alle anderen Lebewesen, die vom gleichen Makrokosmos umfasst werden, als Teile einer »Umwelt« erscheinen: »Er machte euch dienstbar, was in den Himmeln und was auf Erden ist, alles von Ihm« (45:13). Dafür haben die

61. Die kosmischen Paare sind oft zu Beginn der koranischen Suren erwähnt, so zum Beispiel in der Sure 92: »Bei der Nacht, wenn sie bedeckt, beim Tage, wenn er enthüllt, und bei Dem, Der das Männliche und das Weibliche erschuf, wahrlich, euer Streben ist zerteilt...« Nacht und Tag entsprechen dem Urzustand und der Kundgebung, das Männliche und das Weibliche dem Tätigen und dem Duldigen; aus diesen Paarheiten aber entspringen die geteilten Strebungen des Menschen, von denen die Sure in der Folge spricht.

nicht-menschlichen Lebewesen eine größere makrokosmische Vollkommenheit als der Mensch, was darin zum Ausdruck kommt, dass bei ihnen die gattungshafte Form das Einzelwesen stärker beherrscht und ihm ein Gleichgewicht verleiht, wie es der Mensch nicht von selber dauernd innehat.

Jeder der Pole dieser mannigfachen Paarheiten, wie tätig und duldig, männlich und weiblich, Gattung und Einzelwesen, enthält insgeheim das ganze Wesen des ihm entgegengesetzten Pols: Das Tätige setzt seiner Natur nach seinen duldigen Gegenpol voraus, und das Duldige ist des Tätigen umgekehrtes Ebenbild; der Mann enthält die Natur des Weibes und umgekehrt; die Gattung[62] umfasst alle ihr zugehörigen Einzelwesen, und jedes Einzelwesen trägt in sich unausgewirkt sämtliche Möglichkeiten seiner Gattung.

So verhält es sich auch mit dem Mikrokosmos und dem Makrokosmos und besonders mit dem Menschen und der gesamten Welt: Diese »enthält« offensichtlich den Menschen, doch ist sie ihrerseits im Menschen wesentlich enthalten, nämlich als Möglichkeiten seiner Erkenntnis; Erkenntnis und Sein aber haben *eine* Wurzel; die im menschlichen Erkennen »enthaltene« Welt ist nichts anderes, als die Welt selber, so wie andererseits alle Bewusstseinsinhalte der erkennenden Wesen insgesamt in der Welt »enthalten« und einander lückenlos zugeordnet sind. Demnach sind der Mensch und die Welt wie zwei einander gegenüberliegende Spiegel, die sich gegenseitig reflektieren, was die Sufis mit der Formel ausdrücken: »Das Weltall ist gleich einem großen Menschen, und der Mensch ist ein Weltall im Kleinen« (*al-kawnu insānun kabīrun wa-l-insānu kawnun ṣaghīr*).

Was äußerlich Gegensatz und von höherer Warte gesehen Zweiheit sich ergänzender Anblicke ist, bleibt wesentlich in der Einheit. Diese offenbart sich durch die Gegenwart des allheitlichen Geistes, der im Menschen seinen »ichhaften« Brennpunkt hat. Deshalb ist der Mensch der »Vertreter Gottes auf Erden«. Er ist es zunächst rein sinnbildlich, durch seine Beschaffenheit, dann aber auch tatsächlich, durch seine tätige Verwirklichung des Geistes, der ihm innewohnt, und der seinerseits die wesentlichen Möglichkeiten aller anderen Geschöpfe enthält. Der Prophet sagt: »Gott schuf Adam in Seiner Form«, was bedeutet, dass die ursprüngliche Be-

62. Der von jüngsten Denkern vorgebrachte Einwand, die Gattung bestehe als solche gar nicht, entspringt der offenbaren Unfähigkeit, über die gröbste Kundgebung [Manifestation] hinaus etwas Wirkliches wahrzunehmen.

schaffenheit des Menschen gleichsam die sinnbildliche Zusammenfassung aller Göttlichen, in der Welt offenbarten Wirklichkeiten oder »Urwahrheiten« (*ḥaqā'iq*) ist.[63] Deshalb befahl auch Gott den Engeln, sich vor Adam niederzuwerfen (Koran 2:31ff). Wenn das Weltall das »große heilige Buch« ist, in dem sich die Göttlichen Wahrheiten offenbaren, so ist der Mensch die »abgekürzte Abschrift« dieses Buches. Der Mensch wird erst dann sich selber, wenn er sich dieser in ihm beschlossenen Gegenwart des allheitlichen, Göttlichen Geistes bewusst wird; außerhalb dieses Bewusstseins kann er seine eigene Bestimmung nicht voll erfüllen, ja er kann unvergleichlich mehr von seiner Norm abfallen als irgendein Tier: »Wahrlich, Wir erschufen den Menschen in schönster Gestalt. Dann machten Wir ihn zum Niedrigsten der Niedrigen, außer denen, die glauben und die das Gute tun« (95:4–6).

Der Mensch, der seine Einheit mit dem Geist und dadurch seine Einheit mit Gott ganz verwirklicht hat, ist der »vollkommene« oder »allheitliche Mensch« (*insān al-kāmil*). In ihm vollzieht sich gewissermaßen die Verbindung zwischen der Göttlichkeit und dem Geschöpflichen. Gleichzeitig ist er die wesentliche Zusammenfassung all dessen, was in der Welt als vielfältige Bruchstücke erscheint. Er ist selbst das große »Buch«, das »Vorbild« (*'imām*),[64] in dem alle Dinge »aufgezählt« sind. Als Mensch behält er zwar seine einzeltümliche Form; seiner inneren Wirklichkeit jedoch eignen alle Formen und alle Daseinsweisen.

Der Ausdruck »allheitlicher Mensch« wird in einem zweifachen Sinn gebraucht: Man kann damit entweder einen zur höchsten Einung gelangten Menschen bezeichnen, oder auch den »allheit-

63. Das lehren auch die griechischen [Kirchen-]Väter, insbesondere der heilige Gregor von Nyssa und der heilige Gregor Palamas; dieser schreibt: »Der Mensch, diese größere im Kleinen beschlossene Welt, ist eine Zusammenfassung alles Daseienden zu einer Einheit, die Krone der Werke Gottes; daher wurde er auch als Letzter erschaffen ähnlich, wie wir unsere Worte in Schlußfolgerungen zusammenfassen; denn man könnte das Weltall auch das Werk des selber Hypostase seienden Logos nennen.« Und anderswo: »Wenngleich sie (die Engel) uns in vielem überlegen sind, stehen sie doch in gewissem Sinne unter uns [...] Zum Beispiel im Sein nach dem Bild des Schöpfers; in diesem Sinne sind wir in höherem Maße als sie nach dem Bild Gottes erschaffen« (*Die asketische und theologische Lehre des heiligen Gregorius Palamas,* a.a.O.).

64. Siehe den am Anfang des Kapitels erwähnten Koranvers. Das arabische Wort *'imām* bedeutet sowohl »Vorbild« als auch »Vorsteher«, im besonderen Sinne »Vorbeter«. In der Tat ist der »vollkommene Mensch« auch der »Vorbeter« aller Geschöpfe.

lichen Menschen« meinen, der als zeitlose Wirklichkeit, als wesentliche Einheit der Geschöpfe stets da ist und sich bloß von Zeit zu Zeit in auserwählten Menschen wie den Propheten und den großen Heiligen unmittelbarer verkörpert. Beide Bedeutungen laufen auf dasselbe hinaus, denn sämtliche großen »Mittler« sind notwendigerweise geistig eins mit dem Göttlichen »Urbild« aller Geschöpfe.[65]

❧

65. Für das Christentum ist dieses Urbild nichts anderes als der Sohn Gottes, denn der Sohn ist eins mit dem Wort Gottes, das unerschaffen oder – nach christlicher Ausdrucksweise – ewig vom Vater »gezeugt« und mit Ihm gleichen Wesens (*homoousios*) ist. Bekanntlich verwirft der Islam das Sinnbild der Göttlichen Zeugung ebenso, wie er jegliche »innergöttliche« Unterscheidung verneint; die Göttlichen »Namen« oder Eigenschaften sind ja gewissermaßen »äußere« Anblicke Gottes. Diese islamische Einstellung hat zutiefst ihren Grund darin, dass die Verneinung jeglicher Unterscheidung in Gott eine unbedingtere Wahrheit ausdrückt als die nur übertragen gültige Unterscheidung – übrigens bezeugt auch die Theologie der östlichen Kirche, dass die Göttliche Wesenheit (*ousia*) jenseits des Seins und damit auch jenseits jeder, auch nur grundsätzlichen Unterscheidung wie die der drei Hypostasen ist –; andererseits nimmt der Islam Rücksicht auf die Unfähigkeit der meisten Menschen, eine solche »innergöttliche« Unterscheidung wahrzunehmen, ohne zugleich eine Zweiheit in Gott hineinzudenken. Der Sufismus kennt, wie wir sahen, eine »innergöttliche« Unterscheidung, doch bezieht er sie stets auf die Göttliche Einzigkeit (*wāḥidiyya*), die bereits einen Göttlichen »Anblick« darstellt und von der ununterscheidbaren Einheit (*aḥadiyya*) der Wesenheit (*dhāt*) überragt wird.

Von der Einung mit Gott nach Muhyīddīn Ibn ʿArabī

IN SEINEN *Fuṣūṣ al-Ḥikam* BESCHREIBT IBN ʿARABĪ DIE höchste Einung als eine gegenseitige Durchdringung von Gott und Mensch: Gott bekleidet Sich sozusagen mit der menschlichen Beschaffenheit; die Göttliche Natur (*lāhūt*) wird zum Inhalt der menschlichen Natur (*nāsūt*), die ihrerseits als Gefäß der ersteren erscheint; andererseits wird der Mensch von der Göttlichen Wirklichkeit erfasst und gleichsam aufgesogen. Gott ist auf geheimnisvolle Weise im Menschen gegenwärtig; der Mensch aber taucht in Gott unter. All das ist von einem »mystischen«, das heißt von einem mit der geistigen Verwirklichung eng verquickten Standpunkt aus zu verstehen und nicht als kosmologische Lehre. Indem er diese beiden Weisen der Gott-menschlichen Durchdringung miteinander vergleicht, bemerkt Ibn ʿArabī, dass es sich um »zwei Anblicke eines und desselben geistigen Zustands« handle, die sich »weder vermischen noch häufen« (Kapitel über Abraham).

Nach der ersten Weise offenbart Sich Gott als das wahre Selbst (*huwiyya*) des Menschen, das durch dessen Erkenntnisfähigkeiten hindurch erkennt und durch dessen Handlungsfähigkeiten wirkt. Nach der umgekehrten Weise bewegt sich der Mensch sozusagen in der Weite des Göttlichen Daseins, das sich im Verhältnis zum Menschen mannigfach abstuft, sodass jeder menschlichen Fähigkeit ein besonderer Göttlicher Anblick entspricht, gemäß dem heiligen Ausspruch: »Mein Knecht hört nicht auf, sich Mir mit freiwilligen Taten zu nähern, bis dass Ich ihn liebe. Wenn Ich ihn aber liebe, so bin Ich sein Gehör, mit dem er hört, sein Gesicht, mit dem er sieht, seine Hand, mit der er greift und sein Fuß, mit dem er geht« (*ḥadīth qudsī*).

Wenn der Geist des Menschen mit dem Göttlichen »Geist« eins geworden ist, so erkennt er alle Dinge in ihrem Grund, denn nichts bleibt außerhalb seines eigenen Wesens. Allein, diese wesentliche und gesamthafte Erkenntnis gliedert sich nur in dem Maße, als das Licht des Geistes auf die unterschiedlich kundgegebenen Dinge fällt. Die Einung löscht das Ich als gesonderte Wirklichkeit aus; dennoch lebt das ichhafte Bewusstsein weiter, da sonst auf menschlich-irdischer Ebene die Erfahrungen durch kein Band »subjektiver« Einheit mehr zusammengehalten würden. Wenn man also sagt, das Ich des mit Gott geeinten Heiligen sei nicht mehr, so bedeutet das, dass dieses Wesen, das seiner Gestalt nach immer noch Mensch ist, sich nur in seiner Einung mit dem Göttlichen Geist als »sich selber« erkennt, nicht aber in seinem erfahrungsmäßigen, der menschlichen Gestalt eingegossenen »Ich«. Insofern nun das ichhafte Bewusstsein als Mittel der Erfahrung weiter besteht, unterliegt es auch den Bedingungen, die den ganzen Bereich dieser Erfahrung beherrschen, und das trotz wunderbaren Einbrüchen der überzeitlichen Erkenntnisweise.

Deshalb sagt Ibn 'Arabī vom »Besiegler der Heiligkeit«[66] (*khātim al-wilāya*), nämlich vom höchsten Pol (*quṭb*) aller vergeistigten Menschen, dass er zugleich »erkennend und nicht wissend« sei und dass man ihm scheinbar gegensätzliche Eigenschaften zuschreiben könne:

> In seiner wesentlichen Wirklichkeit (*ḥaqīqa*) [das heißt, insofern sich sein Geist dem unerschaffenen Geist eint] und in seinem geistigen Amt [das dieser Einung entspringt] erkennt er [in gesamthafter und ungeteilter Weise] all das, was ihm in seinem körperlichen Dasein [das Raum und Zeit unterworfen ist] unbekannt bleibt [...] So erkennt er und erkennt doch nicht, nimmt wahr und nimmt zugleich nicht wahr [da seine wesentliche Erkenntnis jenseits der unterschiedlichen Wahrnehmung ist], er schaut [die Göttlichen Wirklichkeiten im Geist] und schaut sie doch nicht [in ichhafter Weise]« (ebenda, Kapitel über Seth).

Die im vollkommenen Menschen wirkende Beziehung zwischen der Göttlichen Wirklichkeit (*ḥaqīqa*) und der noch vorhandenen ichhaften Natur ist schwerer zu verstehen als irgendein anderes, grundsätzlich dem Erkennen zugängliches Geheimnis.[67] In der Tat ist für den Menschen, der diese Vollkommenheit erreicht hat, die

66. Die Heiligkeit im Sinne des arabischen Wortes *wilāya* bedeutet einen Zustand ständigen Gotterkennens, der übrigens mannigfache Stufen haben kann.

67. Aus diesem Grund ist auch das christliche Dogma der beiden Naturen Christi – wie auch das der Dreieinigkeit, das mit dem ersten untrennbar verbunden ist, – ein »Mysterium«, das heißt ein für den folgernden Verstand unerschließbares Geheimnis.

Göttliche Wirklichkeit durch nichts mehr »verschleiert«, während doch das ichhafte Bewusstsein seiner Bestimmung nach ein »Schleier« (*ḥidschāb*) ist und überhaupt nur soweit besteht, als es das blendende Licht des Göttlichen Geistes »bricht«. Ibn ʿArabī vergleicht die Ichheit des mit Gott geeinten Menschen einem durchsichtigen Körper, der das reine, an sich weiße Licht färbt und der im Fall des vollkommenen Menschen durchsichtiger ist als sonst:

> Es ist das wie beim Licht, das durch den Schatten hindurchscheint, – denn der durchsichtige Körper ist von der Art des Schattens, der selber Licht ist wegen seiner Durchlässigkeit. So verhält es sich auch mit dem Menschen, der Gott verwirklicht hat: In ihm gibt sich die »Göttliche Form« [das heißt die Gesamtheit der Göttlichen Eigenschaften][68] unmittelbarer kund als in irgendeinem anderen Menschen (ebenda, Kapitel über Joseph).

Die Einung mit Gott wird auch als die »Angleichung der Göttlichen Eigenschaften« (*al-ittiṣāf biṣ-ṣifāt al-ilāhiyya*) aufgefasst, was man im rein geistigen Sinne als Erkenntnis der Göttlichen Eigenschaften oder Gegenwarten (*ḥaḍarāt*)[69] zu verstehen hat. Diese »Angleichung der Göttlichen Eigenschaften«, die man auch als »Angleichung *an* die Göttlichen Eigenschaften« bezeichnen mag, hat ihr Abbild in der Seele, nämlich in der Ausprägung der geistigen Tugenden, und ihr sowohl Göttliches wie menschliches Vorbild ist der »allheitliche Mensch«.

68. Die Gesamtheit der Göttlichen Eigenschaften bildet das, was die Sufis die »Göttliche Form« (*ṣūrat al-ilāhiyya*) nennen, in Anlehnung an den Ausspruch des Propheten: »Gott erschuf Adam in Seiner Form.« Der Ausdruck »Form« hat demnach hier den Sinn von »eigenschaftlichem Inbegriff« und nicht den von Umgrenzung; er ist gleichbedeutend mit dem griechischen Begriff der ειδος, auf Lateinisch *forma,* insofern dieser dem Begriff der ὕλη oder *materia* entgegengesetzt ist.

69. Unter »Göttlichen Gegenwarten« versteht man die Stufen der Göttlichen Wirklichkeit als Zustände der geistigen »Schau«; man spricht im Allgemeinen von fünf hauptsächlichen »Gegenwarten«, die unter anderem folgendermaßen unterschieden werden: *nāsūt* (von *insān,* »Mensch«) bezieht sich auf die menschlich-körperliche Daseinsweise, *malakūt* entspricht der Welt der seelischen oder feinstofflichen Lichter, *dschabarrūt* dem überförmlichen Dasein, *lāhūt* (von *ilāh,* »Gottheit«) der Offenbarung der vollkommenen Göttlichen Eigenschaften, *hāhūt* (von *huwa,* »er«) der reinen Göttlichen Wesenheit.

Wir kommen nun auf das zurück, was am Anfang dieses Kapitels über die gegenseitige Durchdringung der Gottheit und des vollkommenen Menschen gesagt wurde; Ibn 'Arabī vergleicht diese Durchdringung, dem äußerlichsten und einfachsten Bild der Erkenntnis entsprechend, der Aufnahme von Nahrung, sodass Gott Sich vom Menschen »nährt« und der Mensch seinerseits sich von Gott »nährt« oder Gott »isst«. Die erste Weise hat seinen gottesdienstlichen Ausdruck in der heiligen Gastlichkeit, deren überliefertes Vorbild die Bewirtung der Engel des Herrn durch Abraham ist und die die Bewirtung der Armen fordert: Wer dem »Göttlichen Gast« zu essen gibt, gibt sich dadurch selbst Gott als Nahrung hin. Das erinnert an das indische Sprichwort: »Der Mensch wird zur Nahrung derjenigen Gottheit, die er anbetet.« Die zweite Weise entspricht der Anrufung Gottes, denn der Mensch gleicht sich die Göttliche Gegenwart durch das Ausprechen des Namens Gottes an. Derselbe Anblick der Einung wird offensichtlich auch durch die Eucharistie kundgegeben.

Vom Schauen Gottes nach Muhyīddīn Ibn 'Arabī*

NACH IBN 'ARABĪ ERGIBT SICH GEISTIGER ZUSTAND (*hāl*) AUS dem Aufeinanderwirken zweier Pole, nämlich der Göttlichen »Ausstrahlung«, »Offenbarung« oder »Enthüllung« (*tadschallī*)[70] und der »Bereitschaft« (*isti'dād*) des Herzens. Der geistige Zustand ist unmittelbar einleuchtend. Die Göttliche Ausstrahlung gibt sich in ihm als Göttlicher Anblick oder »Name« kund. Dagegen ist die Bereitschaft »das Verborgenste, was es gibt« (*Fuṣūṣ al-Ḥikam,* Kapitel über Seth), denn sie ist bloßes Vermögen und als solches nur in dem Maße erkennbar, als ihre Inhalte ausgewirkt sind, was eben durch die Göttliche Strahlung geschieht. Diese aber quillt immer neu aus dem reinen Sein und weckt unablässig neue Inhalte der Bereitschaft, die sich nie erschöpft.

So kann man einerseits von einem geistigen Zustand sagen, er kennzeichne sich durch die seelische oder geistige »Form«, die in der Bereitschaft lag und die das an sich von jeglicher Form freie Göttliche Licht empfängt. Dieser Betrachtung entspricht der berühmte Ausspruch von al-Dschunaid: »Die Farbe des Wassers ist die Farbe seines Behälters.« Das heißt, dass man, vom »Behälter« abgesehen, der Göttlichen Wirklichkeit, die im geistigen Zustand gegenwärtig ist, weder »Farbe« noch »Form« noch »Geschmack« noch irgendeine besondere Weise zuschreiben kann. Andererseits aber gilt auch, dass jeder seinliche Inhalt eines solchen Zustands, nämlich jede ihrem Wesen nach vollkommene Eigenschaft, die sich in ihm kundgibt, notwendigerweise Gott eignet.

Das heißt mit anderen Worten, dass die geistige »Form«, die sich bei der Schau dem Herzen aufprägt, von Gott kommt; sie ist nichts anderes als die Spur einer Göttlichen Wahrheit (*ḥaqīqa*)

* Vergleiche hierzu auch die aus der französischen Ausgabe übersetzte ausführlichere Version dieses Kapitels auf Seite 117 [Anmerkung der Herausgeber].

70. Der Doppelsinn des Ausdrucks *tadschallī* als »Ausstrahlung« und als »Enthüllung« oder »Offenbarung« wird verständlich, wenn man an das Bild der Sonne denkt, deren Licht »ausstrahlt«, sobald sie von Wolken »enthüllt« ist. Derselbe Doppelsinn liegt in dem koranischen Satz: »Bei der Nacht, wenn sie bedeckt, und beim Tag, wenn er enthüllt« – oder: erstrahlt (*tadschallā*) – (Sure der Nacht, 92).

oder einer übersinnlichen Eigenschaft. Ibn ʿArabī schreibt im Hinblick darauf (ebenda, Kapitel über Jitro):

> Das Herz des Gott-Erkennenden (*ʿārif*) besitzt eine solche Weite, dass Bāyazīd Bistāmī von ihm sagen konnte: »Wenn der Göttliche Thron mit allem, was ihn umgibt, hundert Millionen Mal in einem Winkel des Herzens des Gott-Erkennenden enthalten wäre, so spürte er es nicht.« Im gleichen Sinne sagt auch al-Dschunaid: »Wenn das Vergängliche und das Ewige sich miteinander verbinden, so bleibt vom Ersten keine Spur übrig.« Wie aber sollte das Herz, das das Ewige enthält, das Dasein des Vergänglichen spüren?
>
> Allein, die Göttliche Ausstrahlung wandelt sich in ihrer Weise, und also muss sich das Herz entsprechend ausdehnen oder verengen, denn es vermag sich den Weisen der Offenbarung keineswegs zu entziehen [...] Das aber ist gerade das Gegenteil von dem, was die Männer unseres Weges meinten, wenn sie sagten, Gott offenbare Sich gemäß der Bereitschaft des Anbetenden. Wir fassen das anders auf: Der Anbetende ist es, der sich Gott in der »Form« kundgibt, durch die Sich Gott ihm offenbart (*tadschallā*).
>
> Die Auflösung dieses scheinbaren Widerspruches ist die, dass Gott zweierlei »Offenbarungen« (oder »Enthüllungen«) hat, nämlich eine im Zustand der Nicht-Kundgebung (*ghayb*)[71] und eine im Zustand der Kundgebung (*schahāda*). Im ersten Zustand, das heißt in Seiner »wesentlichen Offenbarung« (*tadschallī dhātī*), die mit dem Geheimnis der wesentlichen Wirklichkeit (*ḥaqīqa*) oder der Selbstheit (*huwiyya*) Gottes eins ist, »offenbart« Gott die Bereitschaft des Herzens [...] und erst nachdem das Herz diese seine [ursprüngliche] Bereitschaft erhalten hat, offenbart Gott Sich ihm nach der Weise der Kundgebung, sodass sie sich gegenseitig schauen und sich das Herz seinerseits in der Gestalt Dessen, Was sich ihm offenbart, kundgibt – wie wir es schon sagten.

71. Es ist natürlich widersprüchlich von »Offenbarung im Zustand der Nicht-Kundgebung« zu sprechen; der Ausdruck *tadschallā* ist also hier übertragen zu verstehen. Paradoxe sind übrigens unvermeidlich, sobald man von den Möglichkeiten spricht, die im Zustand des »unveräußerten« Göttlichen Seins inbegriffen sind: Schon die Mehrzahl, die man diesen Möglichkeiten zuschreiben muss, birgt einen Widerspruch in sich.

Mit dieser Erklärung führt Ibn 'Arabī die beiden Voraussetzungen eines geistigen Zustands auf die beiden Ursprünge jeglicher Kundgebung zurück, nämlich die Göttliche Ausstrahlung auf das reine Sein (*wudschūd*) und die Bereitschaft auf den unwandelbaren Wesensgrund (*'ayn ath-thābita*), die reine, im Schoße der »Göttlichen Dunkelheit« beschlossene Möglichkeit des Wesens, die sich nur mittelbar kundgibt in dem Maße, als das Licht des Seins auf ihre Inhalte fällt. Die erste »Offenbarung« Gottes, von der Ibn 'Arabī spricht, ist demnach nichts anderes als die uranfängliche Bestimmung der Möglichkeiten im Göttlichen Erkennen, während die zweite Offenbarung dem »Überfließen« (*fayḍ*) des Seins auf diese Möglichkeiten entspricht. Was sich im Herzen erschließt von augenblicklicher Bereitschaft gegenüber dem Göttlichen Licht, das geht aus der ursprünglichen, im Wesensgrund liegenden Bereitschaft hervor, antwortet aber zugleich auf die Strahlung, in der sich das Göttliche Sein dieser besonderen Bereitschaft gegenüber bricht.

Daraus geht auch hervor, dass die »Bereitschaft des Herzens«, von der die Sufis sprechen, nicht psychologischer Art ist. Die in einem gegebenen Augenblick wirksame Bereitschaft mag zwar scheinbar psychologisch bedingt sein; allein, was an ihr zum Behältnis der Gnade wird, das entspringt dem ewigen Grund des Wesens und ist dessen Schatten oder Abbild. Dass sich die Bereitschaft nur bruchstückhaft, so wie sie sich auswirkt, oder nur ahnungsweise erfassen lässt, kommt eben daher, dass der unwandelbare Wesensgrund sich als solcher nie kundgibt, auf der seelischen Ebene aber als bloßes Vermögen wirkt; und ein Vermögen (*potentia*) ist stets nur in dem Maße fassbar, als es in Tat (*actus*) umgesetzt wird.

Der Mensch kann als Geschöpf seinen ewigen Wesensgrund nicht erkennen, wohl aber insofern er dem reinen Geist geeint seiner geschöpflichen Grenzen entwird:

> Es übersteigt offensichtlich die Fähigkeiten des Geschöpfs als solchem, [...] zu erkennen mit der Göttlichen Erkenntnis, die die unwandelbaren Wesensgründe (*a'yān ath-thābita*) in ihrem Zustand der Nicht-Kundgebung umfasst, denn diese Wesensgründe sind reine Beziehungsweisen [innerhalb] der Göttlichen Wesenheit, ohne Formen. Deshalb sagten wir auch, dass sich dieses Einswerden mit der Göttlichen Erkenntnis als

> einen Göttlichen Beistand [das heißt als eine Eingebung] darstelle, die dem betreffenden Einzelwesen vorbestimmt war [...] kraft eines gewissen Inhalts seines unwandelbaren Wesensgrundes (ebenda, Kapitel über Seth).

Alles, was die geistige Schau zutage fördert, ist zugleich Gotteserkenntnis und Selbsterkenntnis, ist je nach dem geistigen Gesichtspunkt entweder ein Göttlicher Anblick oder ein Abbild des eigenen Wesensgrundes.

Insofern die Schau die Gottheit zum »Gegenstand« hat, gibt sich Dieselbe in »persönlicher« Weise, das heißt in Ihren Eigenschaften und Tätigkeiten kund. Wenn auch diese Schau[72] durch das Subjekt mitbestimmt wird, das gewissermaßen durch seine eigene Form die »persönliche« Kundgebungsweise Gottes veranlasst, so erreicht sie dennoch die Göttliche Wirklichkeit, denn was in ihr an reiner Eigenschaft wahrgenommen wird, gehört Gott an.

> Als [Göttlichen] »Namen« bezeichnet man entweder einen der Offenbarungsorte (*madschlā*) Gottes oder aber eine Ihm innewohnende »Form« [das heißt, eine Ihm innewohnende Eigenschaft oder Gesamtheit von Eigenschaften, nicht eine Form im begrenzenden Sinn]. Insofern es sich um einen Offenbarungsort handelt, wird eine Stufe angenommen dadurch, dass ein Unterschied gemacht wird zwischen Dem, Der Sich offenbart, und dem, worin Er Sich offenbart. Insofern es sich jedoch um eine in Gott enthaltene [rein eigenschaftliche] »Form« handelt, ist dieselbe unmittelbarer Anblick der Göttlichen Vollkommenheit [oder Fülle: *Kamāl*], denn sie ist wesentlich eins mit Dem, Der Sich in ihr offenbart. [...] Man wird zwar von ihr nicht sagen, sie sei Er selber, aber auch nicht, sie sei etwas anderes als Er« (ebenda, Kapitel über Henoch).

In Wahrheit kann man die Schau Gottes in Seinen allheitlichen Eigenschaften, wobei Gott gewissermaßen »Objekt« ist, nicht auf das geschöpfliche »Subjekt« beziehen, denn in dem Maße, als eine

72. Ibn 'Arabī spricht von einem »Sehen« (*rū'ya*) Gottes, indem er das sinnliche Sehen als Gleichnis des geistigen Erkennens in seiner weitesten Wirklichkeit gebraucht.

Schau Gottes stattfindet, entzieht sich auch das erkennende »Subjekt« den geschöpflichen Grenzen.[73] Gott wird nie zum »Gegenstand« geschöpflicher Schau: Nicht wir schauen Gott, sondern Gott schaut Sich selber in den allhaften Eigenschaften, zu deren Kundgebung wir Anlass sind.

In Seiner unendlichen und überpersönlichen Wesenheit (*Dhāt*) wird Gott überhaupt nie zum »Gegenstand« irgendwelchen Erkennens, sondern bleibt stets der unfassbare Zeuge (*Schahīd*) jeglichen Erfassens; Er ist das, wodurch und worin jedes Wesen sich erkennt: »Die Blicke erreichen Ihn nicht, Er aber erreicht die Blicke« (Koran 6:103). So kann von einem »Beschauen« der Wesenheit nicht die Rede sein, und von einem Erkennen derselben nur im Sinne einer Verselbigung mit der Göttlichen »Zeugenschaft«. »Gegenstand« dieser höchsten Erkenntnis ist dann das zuvor als »Subjekt« sich einstellende Wesen selbst, und zwar in seiner Gesamtheit, seiner geistigen »Form«, die das Abbild seines unwandelbaren Wesensgrundes ist. Ibn 'Arabī schreibt:

> »Die Göttliche Wesenheit (*Dhāt*) offenbart sich nur in der »Form« der Bereitschaft des Wesens, das diese »Offenbarung«[74] empfängt; etwas anderes gibt es nicht. Folglich schaut derjenige, der die »wesentliche Offenbarung« (*tadschallī adh-dhātī*) empfängt, bloß seine eigene »Form« im Göttlichen Spiegel; er schaut nicht Gott – es ist unmöglich, dass er Ihn schaue –, wiewohl er weiß, dass er seine eigene »Form« nur kraft dieses Göttliches Spiegels schaut. Es ist das ganz ähnlich dem, was in einem körperlichen Spiegel stattfindet: Wenn du darin Formen betrachtest, so siehst du den Spiegel als solchen nicht, obwohl du weißt, dass du diese Formen – oder deine eigene Form – nur dank dem Spiegel siehst. Diesen Vorgang aber hat Gott als besonders klares Sinnbild Seiner wesentlichen Offenbarung kundgegeben, damit jener, dem Gott Sich offenbart, wisse, dass er Ihn selbst nicht schaut. [...] Versuche es doch einmal, den Körper des Spiegels zu sehen, während

73. Wenn wir hier der Einfachheit halber die Ausdrücke »Subjekt« und »Objekt« verwenden, so sehen wir selbstverständlich von all ihren psychologischen Anwendungen ab und fassen sie nur rein grundsätzlich, als die beiden Pole des »Erkennenden« (*'āqil*) und des »Erkannten« (*ma'qūl*) auf.

74. Der Ausdruck »Offenbarung« oder »Ausstrahlung« (*tadschallī*) ist hier nur im Sinne einer Andeutung (*ischāra*) zu verstehen.

> du die Form, die sich darin spiegelt, betrachtest: Nie wirst du zugleich das eine und das andere sehen. Das ist so offensichtlich, dass gewisse Leute, die dieses Gesetz der Spiegelung in [körperlichen und geistigen] Spiegeln beobachteten, daraus schlossen, dass die gespiegelte Gestalt zwischen die Sicht des Betrachtenden und den Spiegel selbst trete; das ist es, was sie als Höchstes im Bereich der geistigen Erkenntnis zu erfassen vermochten. In Wirklichkeit aber verhält es sich so, wie wir es sagten,

nämlich, dass die gespiegelte »Form« den Spiegel im Grunde nicht verdeckt, da dieser ja die Form kundgibt und wir uns dessen bewusst sind.

Der geistige Standpunkt, der diesem Gleichnis zugrunde liegt, entspricht dem der vedantischen Lehre: Die Unmöglichkeit, den Spiegel selbst »gegenständlich« zu erfassen, während wir in ihm unser Abbild betrachten, entspricht der Unfassbarkeit des höchsten »Subjekts«, *atman,* das allein unveräußerliche, ungeschiedene Selbstheit ist, wogegen alles andere, samt dem bedingten »Subjekt«, nur wesenlose »Vergegenständlichung« des Unfassbaren ist.

Der Ausdruck »Subjekt« für das höchste Erkennende ist hier so wenig buchstäblich zu nehmen wie das oben erwähnte Sinnbild des Spiegels, denn in beiden Fällen erweckt der Begriff die Vorstellung eines Gegenübers, während die Wesenheit jenseits aller Zweiheit ist; angesichts der höchsten Einheit erweist sich jedes Gleichnis als irgendwie falsch. Ibn 'Arabī sagt weiter:

> Wenn du das schmeckst [nämlich, dass der Schauende nie die Wesenheit selbst, sondern nur seine eigene »Form« im Spiegel der Wesenheit erfassen kann], so schmeckst du die äußerste Grenze, die das Geschöpf je zu erreichen vermag. Trachte also nicht danach, jene Stufe [durch eine »gegenständliche« Schau] zu überschreiten, denn es gibt jenseits davon, grundsätzlich und endgültig, nur reines Nicht-Dasein.

Was nicht bedeutet, dass die Erkenntnis der Wesenheit unmöglich sei:

> Gewisse unter uns wissen nichts von der unmittelbaren Erkenntnis Gottes und erwähnen in dieser Hinsicht den Aus-

spruch des Kalifen Abū Bakr: »Zu verstehen, dass man ohnmächtig sei, die Erkenntnis zu erkennen, ist eine Erkenntnis.«[75] Es gibt jedoch unter uns jemanden, der wirklich erkennt und der sich nicht so ausdrückt, da sein Erkennen keine Ohnmacht impliziert, wohl aber das Unaussprechliche« (ebenda, Kapitel über Seth).

Während die Göttlichen Eigenschaften, die sich in der ersten Schau kundgeben, auf das Geschöpf einwirken, enthüllt die überpersönliche Wesenheit lediglich dessen Möglichkeiten, so wie sie ewig sind. Diese Erkenntnis kann sich auf eine Ahnung beschränken oder auf eine blitzhafte Eingebung, bei der sich der unwandelbare Wesensgrund mehr oder weniger mittelbar im Geist spiegelt.[76] Sie kann auch jenseits aller Form und aller Zweiheit den ewigen Wesensgrund selbst enthüllen »kraft eines gewissen Inhalts desselben, welcher dem Wesen eben dadurch bewusst wird, dass Gott ihm denselben zeigt« (ebenda, Kapitel über Seth).

Der Übergang von der Schau Gottes in Seinen Eigenschaften zu der gleichsam umgekehrten Sicht, welche die Verselbigung mit der Göttlichen Zeugenschaft zur Voraussetzung hat, hängt nicht von einer Wahl des Einzelwesens ab.[77] Wenn auch die zweite Sicht in gewissem Sinne die höhere ist, so haben doch beide den gleichen Gehalt, was Ibn 'Arabī mit folgenden Worten ausdrückt: »Gott ist der Spiegel, in dem du dich selber schaust, so wie du Sein Spiegel bist, in dem Er Seine Namen schaut. Nun sind aber diese nichts anderes als Er selbst, sodass die Wirklichkeit vertauscht wird und zweideutig erscheint« (ebenda, Kapitel über Seth).

❧

75. Nach seiner tiefsten Bedeutung gleicht dieser Ausspruch der vedantischen Unterscheidung des reinen »Subjekts«, *atman*, und seiner scheinbaren Vergegenständlichung als ichhaftes Subjekt oder *jiva.*

76. Die Vorahnungen sind dem verwandt, was der Buddhismus als geistigen Rückblick auf die früheren Daseine des Wesens beschreibt.

77. Wenn das Wesen nicht selbst die Göttlichen Eigenschaften widerpiegelt, kann sich sein Erkennen auch nicht mit der Göttlichen Zeugenschaft einen, weil dann sein Ich den Göttlichen Zeugen verdeckt. Der Übergang von der einen zur anderen Sicht ist auf sehr feine Weise und im Sinne einer Lenkung in der vom Propheten gegebenen Kennzeichnung der *'iḥsān,* der geistigen Tugend, ausgedrückt: »Diene Gott so, als sähest du Ihn; wenn du Ihn nicht siehst, so sieht Er doch dich.«

III
Von der geistigen Verwirklichung

Drei Anblicke des Weges: die Lehre, die Tugend und die geistige Alchimie

WIE JEDER BESCHAULICHE WEG UND UNABHÄNGIG VON SEINER Unterscheidung nach verschiedenen »Pfaden« enthält der »operative« Sufismus drei Bestandteile oder grundlegende Anblicke, nämlich: die Lehre, die geistige Tugend und eine Kunst der Ansammlung [Kristallisation], die wir – gemäß der Ausdrucksweise einiger Sufis – die »geistige Alchimie« nennen.[78]

Die Aneignung [*assimilation*] der lehrlichen Wahrheiten ist unerlässlich; indessen, sie bewirkt allein nicht die Umwandlung der Seele, außer in einigen sehr außergewöhnlichen Fällen, wo die Seele so sehr zur Betrachtung veranlagt ist, dass eine lehrliche Betrachtung hinreicht, um sich darin zu versenken, so wie sich eine übersättigte Lösung beim geringsten Anstoß plötzlich in Kristalle verwandeln kann. An sich ist die lehrliche Erkenntnis völlig unbewegt; sie kann die Seele von gewissen Spannungen befreien, doch kann sie sie ohne das Zusammenwirken mit dem Willen nicht wirklich umformen; der Wille stellt das dynamische Element des Weges dar. Es kann sogar sehr leicht geschehen, dass die Einsicht in die metaphysischen Wahrheiten, die zuerst durch das Studium der Lehre geweckt war, im Geist dessen nach und nach abbröckelt, der, sich im Besitz der Wahrheit wähnend, ihnen nur verstandesmäßig anhängt, als hätte der Wille dabei keinerlei Rolle zu spielen. Nun soll der Wille vor Gott »arm« werden, was besagt, dass er der geistigen Tugend ähnlich werden muss; das stellt eine Art verbor-

78. Der gebräuchlichste arabische Ausdruck ist *al-kīmiyā as-sa'āda*, was wörtlich »die Alchimie der Glückseligkeit« bedeutet; al-Ghazālī gebraucht ihn in einem allgemeineren und mehr äußerlichen Sinn als dem, den wir hier beabsichtigen.

gener Sammlung der Seele dar, eine feste und natürliche Grundlage der unmittelbar wirkenden Sammlung, deren Ziel es ist, den Schleier des ständig vom Strom der Formen in Anspruch genommenen Bewusstseins zu durchstoßen. »Die geistige Tugend (*iḥsān*)« – hat der Prophet gesagt – »besteht darin, dass du Gott anbetest, als ob du Ihn sähest, und wenn du Ihn nicht siehst, so sieht Er doch dich.«

Gemäß der besonderen Natur des »Pfades« – und »es gibt ebenso viele Pfade wie Menschenseelen«[79] – spielt das Verstehen der Lehre eine mehr oder weniger bedeutende Rolle; es erfordert nicht notwendig ein sehr ausgedehntes lehrliches Wissen, denn im Inneren und nicht an der Oberfläche muss es sich entwickeln. Für den nach Erkenntnis Strebenden ist es das Wichtigste, dass er sich des tiefen Sinns der Riten bewusst ist, die er vollzieht; er muss ihre Bedeutungen in dem Maße seines gegenwärtigen Verständnisses verwirklichen. Auf diesem Gebiet können die rein mengenmäßige Anstrengung und der blinde Wille nichts erreichen, denn nur das führt zur Erkenntnis, dessen Natur mit der Natur der Erkenntnis übereinstimmt.

Dem ist hinzuzufügen, dass die geistigen Praktiken stets Elemente haben, die der theoretischen Erkenntnis sozusagen nicht fassbar sind; die Tatsache, dass die Göttliche Wahrheit die bildliche Vorwegnahme durch den Verstand unendlich übersteigt, muss sich notwendig im Gefüge des geistigen Lebens abzeichnen. In dieser Hinsicht kann man sogar eine gewisse Umkehrung der Bezüge feststellen: Es sind die am wenigsten logisch (diskursiv) fortschreitenden und folglich vom Standpunkt des Verstandes her »dunkelsten« Träger, die im Allgemeinen die wirksamsten Gnaden übertragen; an den Grenzen der reinen Betrachtung werden die Symbole immer umfassender [*synthétique*] und in ihrer Form immer einfacher.

Die Göttliche Wirklichkeit ist zugleich Wissen und Sein: Wer sich ihr nähern will, muss nicht nur die Unwissenheit und die Unbewusstheit überwinden, sondern auch das Inanspruchgenommensein des Geistes von einem rein theoretischen Wissen und anderen »Irrealitäten« dieser Art. Aus diesem Grund haben viele

79. Diese sprichwörtliche Redensart darf nicht wörtlich genommen werden; sie besagt einfach, dass die Verschiedenheit der Naturen eine Mannigfaltigkeit der geistigen Methoden mit sich bringt. Die Typen der inneren Haltungen lassen sich stets auf einige Kategorien einschränken.

Sufis, unter ihnen die hervorragendsten Vertreter der Gnosis wie Muhyīddīn Ibn ʿArabī und Omar Chayyām,[80] den Vorrang der Tugend und der Sammlung vor dem lehrlichen Wissen betont; die wahrhaft Erkennenden sind die Ersten, die Bedingtheit jeder theoretischen Aussage anzuerkennen. Der erkenntnishafte Anblick des Weges umfasst zugleich das Studium der Lehre und ihr Übersteigen durch die Einfühlung [*intuition*]; der Irrtum ist stets streng ausgeschlossen, doch der Verstand, welcher die Wahrheit übermittelt, wenn er sie auch in einer gewissen Weise begrenzt, muss in der einenden Betrachtung ebenfalls ausgeschaltet werden.

Die Tugend ist eine edle Form des Willens; wer von »Form« spricht, spricht von erkennbarem [*intelligible*] Wesen. Die geistige Tugend ist auf ihr eigenes Wesen angesammelt [zentriert], welches eine Göttliche Eigenschaft [*qualité*] ist; damit ist gesagt, dass diese Tugend eine Art Erkenntnis beinhaltet. Nach Aḥmad Ibn al-ʿArīf unterscheidet sie sich von der allgemeinen Tugend durch ihr Freisein von jedem individuellen Interesse; wenn sie einen Verzicht enthält, dann nicht im Hinblick auf eine letztliche Vergütung, denn sie trägt ihre Frucht in sich selber, gleich der Erkenntnis und der Schönheit. Die geistige Tugend ist, wohlgemerkt, weder eine einfache Verneinung der natürlichen Instinkte – die Askese ist ihre niedrigste Stufe – noch eine rein seelische Sublimation; sie entsteht aus einer Vorahnung der Göttlichen Wirklichkeit, die den Gegenständen des Verlangens zugrunde liegt – die edle Leidenschaft ist der Tugend näher als die Bangigkeit –, diese Vorahnung aber ist an sich eine Art »natürlicher Gnade«, welche übrigens das Gleichgewicht hält zum Opferaspekt der Tugend; in der Folge ruft ihre Entfaltung eine zunehmend unmittelbare Ausstrahlung der Göttlichen Eigenschaft hervor, deren menschliche Spur die Tugend ist, und umgekehrt nimmt die Tugend in dem Maße zu, in dem ihr Göttliches Urbild zutage tritt. Dieser intuitive Kern ist es, welcher der geistigen Tugend ihren unnachahmlichen und gleichsam charismatischen Wert verleiht; durch sie hindurch strahlt der Geist [*intellect*], nicht in einer »weisheitsmäßigen«, sondern in »existenzieller« Weise, durch die Schönheit der Seele oder durch die wunderbaren Wirkungen, welche die Ähnlichkeit zwischen der Tugend und ihrem Göttlichen Urbild in der kosmischen Umgebung auslösen kann.

80. Vergleiche Arthur Christensen: «Un traité de Métaphysique de Omar Khayyam» in: *Le Monde Orientale.* Vol. 1–2. Uppsala 1906.

In ihrer geistigen Vollständigkeit ist die Erkenntnis wesentlich überindividuell weil allheitlich. Die Tugenden wiederholen im Individuum auf existenzielle Weise die Stufen oder Weisen der Erkenntnis; folglich sind sie deren Widerscheine, die nicht mit dem Gehirn [*cérérbraux*] erworben und vergänglich, sondern willenshaft und beständig sind, oder anders gesagt: Sie sind seinsmäßige Errungenschaften, nichts künstlich vom Denken Geschaffenes. Eben dadurch sind die Tugenden die unerlässlichen Träger der Erkenntnis und darum stellen die Sufis sie geistigen Stufen gleich.

Das führt uns dazu, kurz die Lehre von dem geistigen »Zustand« (*hāl*) und dem geistigen »Stand« (*maqām*) zu erwähnen; nach dieser Bedeutung des Begriffs ist der »Zustand« ein vorübergehendes Eintauchen der Seele in das Göttliche Licht; entsprechend der Intensität und Dauer des Zustands spricht man von »Aufscheinungen«, »Funken« (*lavā'ih*), »Blitzen« (*lavāmi'*), »Ausstrahlung« (*tadschallī*) und so fort. Der »Stand« ist der dauernd gewordene »Zustand«. Die Entsprechung zwischen den verschiedenen »Ständen« und den geistigen Tugenden ist notwendigerweise mannigfach; die sittliche Spur einer geistigen Stufe ist umso feiner, je höher diese Stufe ist und je weniger sich die betrachtete Wirklichkeit und das menschliche Gefäß vergleichen lassen. Die verschiedenen psychologischen Haltungen der geistigen Zustände haben vor allem einen betrachtenden oder hinweisenden Wert.

Nach der Art der Göttlichen Eigenschaften, welche sie in der menschlichen Ordnung widerspiegeln, können die geistigen Tugenden gemäß einer mehr oder weniger großen Unterschiedenheit getrennt betrachtet oder in einige Grundformen zusammengefasst werden. Ebenso können offensichtlich entgegengesetzte Tugenden sich auf eine und dieselbe Haltung zurückführen lassen: So setzen sowohl die Geduld (*ṣabr*) als auch der Eifer (*ghayra*), der sich im heiligen Zorn kundtut, eine unerschütterliche innere Achse voraus; diese Unwandelbarkeit tut sich auf duldige Weise in der Geduld und auf tätige Weise im Zorn kund.

In einem gewissen Sinne sind die Tugenden sämtlich in der geistigen Armut (*faqr*) enthalten, deren Name gewöhnlich dazu gebraucht wird, jede Geistigkeit zu bezeichnen; diese Armut ist nichts anderes als das *vacare Deo,* das Leersein für Gott; ihr Beginn ist das Zurückweisen der Leidenschaften, ihre Vollendung das Auslöschen des Ichs angesichts der Gottheit. Die Beschaffenheit dieser

Tugend zeigt deutlich die umgekehrte Entsprechung, welche das menschliche Sinnbild mit seinem Göttlichen Urbild verbindet: Was beim Geschöpf Leere ist, ist beim Schöpfer Fülle.

Eine andere Tugend, die als Beispiel dienen kann für alles, was die Haltung des Armen (*faqīr*) beinhaltet, ist die Aufrichtigkeit (*ichlāṣ*) oder Wahrhaftigkeit (*ṣidq*); es ist die Abwesenheit egozentrischer Sorgen in den Absichten und Gedanken und letztlich das Verlöschen der Verstandestätigkeit vor der Göttlichen Wahrheit; es handelt sich folglich gleicherweise um Leere vonseiten des Individuums und entsprechend um Fülle einer höheren Ordnung, jedoch – hinsichtlich der Armut – mit dem Unterschied, dass diese, wie die Demut, nur den Knecht betrifft, während die Wahrhaftigkeit vor allem den Herrn betrifft; indessen könnte man anmerken, dass die »Armut« oder »Demut« Gottes die Einfalt Seiner Wesenheit ist. Wie dem auch sei, die geistige Aufrichtigkeit beinhaltet das Aufhören jener Zweiteilung des Bewusstseins, welche den gewöhnlichen Zustand der Seele bildet: Instinktiv und überdies unvermeidlich führt der Mensch zwischen der Welt – einschließlich seines Handelns – und Gott das Pseudoprinzip des Egos ein, statt beide mit dem Auge der Göttlichen Wahrheit zu sehen; der Aufrichtige (*ṣiddīq*) ist unabhängig hinsichtlich der angeborenen oder plötzlichen Einflüsterungen seines »Ichs«, er findet keinen Gefallen daran und lässt seine Linke nicht wissen, was seine Rechte tut.

Wir sahen, dass Muhyīddīn Ibn ʿArabī die vollkommene Liebe an die Spitze seiner »Leiter« der Wohnungen der Seele stellt; folglich kann man sie als die Zusammenfassung sämtlicher Tugenden ansehen, und wenn alle Tugend eine Form des Willens ist, dann ist die geistige Liebe der durch die Göttliche Anziehungskraft umgewandelte Wille. Die Liebe zu Gott ist unvollkommen und sogar unerklärlich ohne die Liebe Gottes zu der Schöpfung (in jedem Anblick Seiner Offenbarung einschließlich des reinen Geistes) und ohne die Liebe auch des geringsten Geschöpfes zu Gott. In einem gewissen Sinne kann man sagen, man müsse Gott zunächst in der Schöpfung, Seinem offenbarten Wort und Seiner Wahrheit lieben, hernach Ihn selbst in Seiner transzendenten Selbstheit [*aséité*] und endlich in jenen »Geringsten«, die unserer Liebe bedürfen.

Andererseits sind sämtliche Tugenden des Geistes in der Heiligkeit (*wilāya*) zusammengefasst, der ständigen Bewusstheit der Göttlichen Gegenwart.

Das Verstehen der Lehre, sagten wir, vermag nichts ohne die Tugend; umgekehrt trifft das nur in einem geringeren Maße zu, und immer nur unter der Voraussetzung, dass die Seele der Wahrheit unter einer offenbarten Form anhängt. Die Tugend ist die mittelbare Grundlage der geistigen Sammlung, denn eine lasterhafte Seele ist auf die Dauer unfähig, sich auf die Wahrheit zu konzentrieren; umgekehrt trägt die geistige Sammlung zur Entwicklung der Tugenden bei. In einem gewissen Sinn kann sich die Tugend der Betrachtsamkeit ohne die Hilfe einer inneren »Alchimie«, welche über die Verwandlungen der natürlichen Kräfte der Seele wacht,[81] nicht vervollkommnen; es geschieht aber im Zusammenhang mit ihrem Gegenstand, dem offenbarten Symbol, dass die Sammlung den Weg zur Gnade eröffnet, welche die Seele verwandelt.

Der Begriff »Alchimie« entspricht genau der Kunst der geistigen Sammlung für sich betrachtet, weil die Seele vom Gesichtspunkt dieser Kunst her gesehen gleichsam ein »Stoff« ist, der umgeformt werden soll, so wie das Blei, das in Gold zu verwandeln ist. Anders gesagt, muss die chaotische, undurchsichtige Seele »gestaltet« und kristallklar werden; hier bezeichnet die Form nicht ein Gerinnen in bestimmte Grenzen, sondern, im Gegenteil, eine gleichsam geometrische Zuordnung und gerade dadurch eine mögliche Befreiung aus den begrenzenden Bedingungen der seelischen Willkür, so wie, auf der Ebene der festen Stoffe, das Gold oder der Kristall die Natur des Lichts verwirklichen, der Kristall zugleich mittels seiner geometrischen Gestalt[82] und seiner Durchsichtigkeit.

Nach derselben Symbolik – der Alchimie im eigentlichen Sinne am nächsten – muss die Seele, welche zu einem Zustand unfruchtbarer Härte geronnen ist, »verflüssigt« und darauf aufs Neue »zum Gerinnen« gebracht werden, um sie von ihren Unreinheiten zu befreien; auf dies »Gerinnen« folgt ein Schmelzprozess und auf diesen die endgültige »Kristallisation«. Um diese Veränderungen zu bewirken, werden die natürlichen Kräfte der Seele geweckt und einander zugeordnet; man kann sie den Kräften der Natur vergleichen: der Wärme, der Kälte, der Feuchtigkeit und der Trocken-

81. Die sufische Lehre von den geistigen Tugenden weicht in mehr als einer Hinsicht von jener ab, der man in der monastischen Überlieferung des Westens begegnet. So betrachten die Sufis die Keuschheit im Allgemeinen nicht als eine Grundtugend, sondern als das natürliche Ergebnis mehrerer anderer Tugenden.

82. Hier ist zu bedenken, dass sich das Licht geradlinig ausbreitet.

heit. Es gibt in der Seele eine nach Ausdehnung strebende Kraft, deren normaler Ausdruck die vertrauende Freude (*basṭ*) und die Liebe ist, also die Wärme, und eine nach Zusammenziehung, Verdichtung strebende Kraft – eine Kälte –, welche sich durch die Furcht kundtut; deren geistiger Ausdruck ist die äußerste Verdichtung (*qabḍ*) des Bewusstseins in Gegenwart von Tod und Ewigkeit; die Feuchtigkeit und die Trockenheit entsprechen jeweils der »verflüssigenden« Duldigkeit der Seele und der »verfestigenden« Tätigkeit des Geistes.[83] Diese vier Kräfte können außerdem mit zwei einander ergänzenden Prinzipien in Verbindung gebracht werden, die dem »Schwefel« und dem »Quecksilber« der Alchimie entsprechen; nach der sufischen Methode stimmen diese beiden Prinzipien jeweils mit dem geistigen Akt überein, das heißt mit der tätigen Bejahung eines Symbols und der seelischen Formbarkeit. Durch Einwirkung der Gnade wird die willenshafte Bejahung des Symbols zur dauernden Tätigkeit des Geistes (*rūḥ*), während die Formbarkeit oder Empfänglichkeit der Seele eine kosmische Weite annimmt.[84]

Das Feurige und das »Verfestigende« verbindet sich mit dem tätigen Pol, der dem Schwefel entspricht, während das Verdichtende und das Lösende, das »Feuchte«, sich mit dem duldigen Pol verbindet, dem Quecksilber der Alchimie. Nun ist es leicht zu sehen, wie die unterschiedlichen »natürlichen« Eigenschaften der Seele sich mit den verschiedenen Zuständen verbinden: Die unfruchtbare Verhärtung der Seele ergibt sich aus der Verbindung der verfestigenden Eigenschaft des Verstandes – der Trockenheit – mit der verdichtenden Eigenschaft des Seelischen; die Entsprechung dazu ist die Zerstreuung, die aus einer Verbindung der nach Ausdehnung strebenden Kraft des Begehrens mit der auflösenden Kraft der duldigen Seelenkräfte hervorgeht; diese beiden Zustände der Unausgewogenheit können sich gleichzeitig geltend machen, wie das auch häufig geschieht. Die Ausgewogenheit der Seele besteht in einem umfassenden Wechsel von Ausdehnung und Ver-

83. Vergleiche den Artikel von MAURICE ANIANE: «Notes sur l'alchimie» in der Sammlung «Yoga» der *Cahiers du Sud,* Paris 1953, und unsere Artikelserie «Considérations sur l'alchimie» in *Etudes traditionnelles,* n^os^ d'octobre et de novembre 1948, Paris.

84. Nach Muhyīddīn Ibn 'Arabī ist die allheitliche Bedeutung des Schwefels die des Göttlichen Befehls (*amr*) und die des Quecksilbers die allhafte Natur (*ṭabī'a al-kull*).

dichtung, dem Atem vergleichbar, und in der Verbindung der »verfestigenden« Tätigkeit des Geistes mit der »flüssigen« Empfänglichkeit der Seele.

Damit diese Verbindung stattfinden kann, dürfen sich die Kräfte der Seele in keiner Weise von äußeren Anstößen bestimmen lassen, sie müssen vielmehr der Tätigkeit des Geistes folgen, die auf das Herz ausgerichtet ist.[85]

Wir haben die Kunst der geistigen Ansammlung in rein alchimistischen Begriffen umrissen, weil diese Terminologie die Entsprechung zwischen den Kräften der Seele und den natürlichen, das heißt körperlichen Kräften des menschlichen Organismus hervorhebt. Das Benützen dieser Kräfte rückt diesen Anblick des *taṣawwuf* in die Nähe der Methoden des *raja*-Yoga. Natürlich lässt sich die Technik, von der die Rede ist, mit Hilfe verschiedener Symbolsprachen beschreiben; die sufischen Verfasser sprechen davon meistens in einer einschließenden Weise [*implicite*], indem sie den Gebrauch von Symbolen empfehlen, die der Gegenstand der geistigen Sammlung sind; tatsächlich lässt sich das »alchimistische« Werk in dem von uns betrachteten Sinn nicht vom Wesen der Symbole lösen, die als »Gnadenmittel« gebraucht werden, und durch die Vermittlung dieser Symbole verbindet sich der »alchimistische« Anblick des geistigen Werks mit seinem erkenntnishaften Anblick. Das geistige Mittel des *taṣawwuf* schlechthin ist das Wort-Symbol, das innerlich oder mit tönender Stimme wiederholt wird, mit oder ohne Übereinstimmung mit dem Atem; die verschiedenen Stufen der inneren Alchimie, die einander folgenden »Verflüssigungen« und »Gerinnungen«, erscheinen dann als eine Umsetzung (*taṣrīf*) [*permutation*] des Symbols in der Seele, in Anpassung an die verschiedenen Göttlichen Wirklichkeiten (*ḥaqā'iq*), die es ausdrückt.

Bei der Anrufung eines Gottesnamens verbinden sich die drei Anblicke, welche den geistigen Pfad bilden – die lehrliche Wahrheit, die willenshafte Tugend und die geistige Alchimie – zu einem einzigen inneren Akt; die Tugend wird zum menschlichen Widerschein desjenigen Anblicks Gottes, welchen der heilige Name versinnbildlicht, während sich die geistige Alchimie in ihrem innerlichsten Wirken aus der beschwörenden Macht [*pouvoir théurgi-*

85. Das entspricht in der eigentlichen Alchimie dem »hermetischen Abschließen des Gefäßes«.

que] dieses Namens ergibt, der auf geheimnisvolle Weise eins ist mit Gott.

Die Lehre wendet sich an das, was im Menschen »von Natur aus« metaphysisch ist; die geistige Tugend und die Sammlung sind auf die Lösung des Knotens der Ichhaftigkeit gerichtet, der das Herz hindert, die ursätzlichen Wahrheiten unmittelbar zu betrachten. Da die individuelle Bejahung aus Willensäußerungen besteht, nimmt die Tugend das Ich mittels seiner willensmäßigen Kundgebungen in Besitz; es kommt vor, dass eine Wendung des Willens plötzlich die Bewusstseinsmitte dergestalt freilegt, dass ein Verzicht, ein Opfer, eine »Umkehr« (*tawba*) in einigen Fällen fast sofort die geistige Schau des »Auges des Herzens« (*'ayn al-qalb*) nach sich ziehen kann. Die geistige Alchimie verwandelt das seelisch-leibliche Gefüge des Menschen einerseits, indem sie auf die organischen Grundlagen des Bewusstseins einwirkt, und andererseits, indem sie die Ausstrahlung der Gnade überträgt, die in den Göttlichen Sinnbildern auf geheimnisvolle Weise gegenwärtig ist.

Um diesen Abschnitt zu beenden, führen wir noch ein Wort des Meisters al-'Arabī al-Hasanī ad-Darqāwī an, das mehrere Anblicke des Weges zusammenfasst: »Der Sinn [*sens,* die geistige Vorstellung: *ma'na*] ist sehr schwer fassbar, er lässt sich nur mit Hilfe des sinnlich Fassbaren (*ḥiss*) festhalten, und man kann ihm nur durch das geistige Gespräch (*mudhākkara*), die Anrufung [oder das Gedenken an Gott: *dhikr*] und durch die Unterbrechung der natürlichen Gewohnheiten [das heißt der passiven, instinktiven Gewohnheiten] Dauer verleihen.«

Die erkenntnishaften Fähigkeiten

DIE AUFSTUFUNG DER FÄHIGKEITEN DER SEELE IST EINE Weise, die Rückkehr der Seele in den Göttlichen Geist zu betrachten. Wir haben den Zustand der geistig erneuerten Seele dem Kristall verglichen, der, obwohl fest, wegen seiner Durchsichtigkeit und geradlinigen Form dem Licht verwandt ist; die verschiedenen erkenntnishaften Fähigkeiten gleichen den Facetten des Kristalls, jede spiegelt auf ihre Weise den einen und unbegrenzten Geist [*intellect*] wider.

Die dem Menschen eigentümliche Fähigkeit ist das Denken (*fikr*). Wie die Natur des Menschen, so hat auch sein Denken zwei Gesichter: Durch seine Fähigkeit zur Synthese offenbart es die zentrale Stellung des Menschen in der Welt, somit seine unmittelbare Verwandtschaft mit dem Geist; in seiner Formgebundenheit wiederum ist es nur ein existenzieller »Stil« unter vielen anderen, das heißt eine besondere Art und Weise des Bewusstseins, die man »tierisch« nennen könnte, wenn seine Verbundenheit mit der einzigartigen – und zum »Übernatürlichen« gehörenden – Aufgabe des Menschen es nicht, zum Guten wie zum Bösen, von den den Tierarten eigenen Erkenntnisfähigkeiten unterschiede. Tatsächlich übernimmt das Denken niemals eine gänzlich »natürliche« Rolle, im Sinne eines passiven Gleichgewichts, im Einklang mit der kosmischen Umgebung; in dem Maße, in dem es sich vom Geist [*intellect*] abwendet, der diese Ebene des Irdischen übersteigt, kann es nur zerstörerisch sein gleich einer ätzenden Säure, welche die natürliche Einheit der Wesen und Dinge zerstört. Es genügt, die moderne Welt zu betrachten, ihre Künstlichkeit ohne Schönheit, ihr unmenschlich abstraktes und von der Menge bestimmtes Gefüge, um zu erkennen, was das sich selbst überlassene Denken ist. Der Mensch, ein »denkendes Tier«, kann nur entweder die Göttliche Krone der Natur oder ihr Gegner sein;[86] der Grund dafür ist,

86. Bei den Tieren gibt es nicht, wie beim Menschen, eine zugleich subjektive und aktive Brechung des Geistes, die sich zwischen die der Form eigenen, innewohnenden Wesenheit und den individuellen seelischen Organismus stellt. Aufgrund dieser Tatsache ist das Tier in Hinsicht auf die kosmische Umgebung passiver als der Mensch; zugleich ist es unmittelbarer der Ausdruck seiner geisti-

dass sich im Verstandesdenken [*mental*] das »Sein« [*être*] und das »Erkennen« [*connaître*] trennen, was, durch Verfall, sämtlichen Spaltungen Raum gibt.

Diese zweifache Natur des Denkens entspricht dem Prinzip, das die Sufis durch den *barzakh,* den »Isthmus« zwischen zwei Weltmeeren,[87] versinnbildlichen. Der *barzakh* ist eine Scheidewand und zugleich ein Verbindungspunkt zwischen zwei Wirklichkeitsstufen; insoweit als er ein Vermittler ist, kehrt er nach Art einer Linse das Lichtbündel, das er überträgt, um. In der Rangordnung des Denkens äußert sich diese Umkehrung als Abstraktion: Das Denken ist nur dann zur Synthese fähig, wenn es sich freimacht vom unmittelbaren Anblick der Dinge; in dem Maße, in dem es sich dem Allheitlichen nähert, schränkt es sich sozusagen auf einen Punkt ein. Das Denken ahmt auf einer Ebene der Form – und mithin in Hinsicht auf den überförmlichen Anblick umgekehrt – die wesentliche »Entblößung« (*tadschrīd*) des Geistes nach: Dessen unmittelbarer Gegenstand ist nicht das erfahrungsmäßige Dasein der Dinge, sondern ihre dauernden Wesenheiten, die verhältnismäßig »inexistent« sind, weil auf der sinnlich-fassbaren Ebene nicht kundgegeben;[88] diese rein geistige Erkenntnis beinhaltet eine unmittelbare Vereinigung mit ihrem Gegenstand, und das unterscheidet die geistige »Schau« grundlegend vom Wirken des Verstandes. Diese »Schau« schließt übrigens die sinnliche Erkenntnis

gen Wesenheit. Die Schönheit einer heiligen Kunst – einer Kunst von Göttlicher Eingebung – bringt die Schönheit der unberührten Natur zur Geltung, während die Schöpfungen einer praktisch atheistischen Zivilisation, wie der modernen Zivilisation, der natürlichen Harmonie stets feindlich sind.

87. Vergleiche die Koranverse: »Losgelassen hat Er (der Herr) die beiden Wasser, die sich begegnen; zwischen beiden ist eine Schranke, die sie nicht überschreiten« (55:19).

88. Wenn einige moderne Denker im Akt des Erkennens eine Art relative und subjektive Auslöschung des Objekts der Erkenntnis, insofern es reine Existenz ist, sehen wollen, dann tun sie nichts anderes als das Unwirkliche und mithin Absurde eines Denkens nachzuahmen, das, da es sich von den geistigen Quellen abgewandt hat, schließlich jeden wertmäßigen Gehalts bar geworden ist. Die formlose und nicht entfaltete »Existenz«, welche diese Philosophen dem Erkenntnisakt des Subjekts entgegenstellen, ist übrigens nichts anderes als der Schatten jenes Fehlens der Intuition im Denken: Es ist die reine Unerkennbarkeit. Das wirkliche »An-sich« ist die Wesenheit; wenn die Wahrnehmung nicht gleichzeitig sämtliche Aspekte eines sinnlich wahrnehmbaren Gegenstandes erfasst, dann deshalb, weil die Kundgebungsebene, ebenso wie das Erkennen, das sich darauf beruft, bedingt ist.

nicht aus; sie schließt sie ein, da sie ihr Wesen ist, obwohl gewisse Bewusstseinszustände einander, einer zugunsten des andern, ausschließen können.

Hier ist klarzustellen, dass der Begriff »Geist« [*intellect*] (*'aql*) praktisch auf mehreren Stufen angewandt wird: Er kann das allheitliche Prinzip alles Geistigen [*intelligence*] bezeichnen, das die begrenzenden Voraussetzungen des Verstandes übersteigt; mit »Geist« [*intellect*] kann man aber auch den unmittelbaren Widerschein des Allheitlichen Geistes [*Intellect*] im Denken bezeichnen; das entspricht dann dem, was die Alten unter der »Vernunft« [*raison*] verstanden.

Der ergänzende Bestandteil der Vernunft ist die Einbildungskraft [*imagination*] (*chayāl*). In Verbindung mit dem erkenntnishaften Pol des Verstandes stellt die Einbildungskraft gleichsam dessen bildsamen Grundstoff dar; darum entspricht sie analog der *materia prima,* welche den formbaren Zusammenhang des »kosmischen Traums« bildet, so wie ihn die Vorstellungskraft subjektiv bestätigt.

Wenn die Vorstellungskraft eine Ursache zur Täuschung sein kann, insofern als sie den Verstand an die Ebene des sinnlich Wahrnehmbaren bindet, hat sie doch auch einen geistig positiven Aspekt, insofern als sie die geistigen Einsichten oder Eingebungen in Gestalt von Sinnbildern festhält. Um diese Aufgabe zu übernehmen, muss sie ihre ganze Gestaltungskraft erlangt haben; die von der Vorstellungskraft angerichteten Schäden kommen weniger von ihrer Entfaltung als von ihrem Besitzergreifen durch die Leidenschaft und das Gefühl. Die Vorstellungskraft ist ein Spiegel, unter anderen, des Göttlichen Intellekts; ihre Vollkommenheit besteht darin, dass sie jungfräulich und weit sein muss.

Nach einigen sufischen Verfassern, wie zum Beispiel 'Abd al-Karīm al-Dschīlī, ist *wahm* die dunkle Wurzel des Verstandes, ein Begriff, der zugleich die Mutmaßung, die Meinung, die Einflüsterung, den Verdacht und folglich die verstandesmäßige Täuschung bezeichnet. Das ist die Kehrseite der forschenden Freiheit des Verstandes: Seine Fähigkeit zur Täuschung gleicht dem Gebanntsein von einem Abgrund, zu dem sie durch all ihre unausgeschöpften negativen Möglichkeiten hingezogen wird. Wenn diese Macht die Vorstellungskraft beherrscht, wird sie zum größten Hindernis der Geistigkeit. In diesem Zusammenhang sei ein Wort des Propheten angeführt: »Das Ärgste, das deine Seele dir einflüstert, ist der Verdacht.«

Die Erinnerung hat ein Doppelgesicht: Als Fähigkeit, Eindrücke zu behalten, ist sie duldig und »irdisch«, und in diesem Zusammenhang heißt sie *ḥafẓ;* aber insofern als sie der Akt des Gedenkens ist (*dhikr*), ist sie unmittelbar dem Geist [*intellect*] verwandt, denn dieser Akt ist implizit rückführbar auf die zeitlose Gegenwart der Wesenheiten, obwohl sich diese als solche dem Verstand nicht zeigen können. Die zusammengefasste Wiederholung der Wahrnehmungen durch die Erinnerung kann unangemessen sein, und in mancher Hinsicht ist sie das sogar sicher, da das dem Verstande Zugehörige dem Verschleiß durch die Zeit unterworfen ist; indessen, wenn es nicht in der Erinnerung einen mitenthaltenen richtigen Begriff von einer Sache gäbe, wäre sie nichts als reine Täuschung, die aber gibt es nicht. Wenn das Erinnern die Vergangenheit in die Gegenwart rufen kann, dann deshalb, weil die Gegenwart jede zeitliche Ausdehnung grundsätzlich enthält; jeder Daseins»geschmack« ist mitenthalten im »Nicht-Geschmack« des gegenwärtigen Augenblicks. Das ist es, was das geistige »Erinnern« (*dhikr*) verwirklicht: Statt sich »horizontal« mit der Vergangenheit zu verbinden, richtet es sich »vertikal« auf die Wesenheiten, welche die Vergangenheit ebenso lenken wie die Zukunft.

Der Geist (*rūḥ*) ist zugleich Erkenntnis und Sein; im Menschen polarisieren sich diese beiden Anblicke in gewisser Weise zu Vernunft und Herz: Dieses zeigt an, was wir im Hinblick auf die Ewigkeit »sind«, während jene anzeigt, was wir »denken«. Von einer anderen Seite her stellt das Herz (*qalb*) auch die Gegenwart des Göttlichen Geistes unter den beiden Anblicken dar: Es ist das Organ der Einfühlung (*kashf*), so wie es auch der Punkt der Einung (*wadschd*) mit dem reinen Sein (*wudschūd*) ist. Nach einem Göttlichen Lehrspruch (*ḥadīth qudsī*), der durch den Mund des Propheten offenbart wurde, sagt Gott: »Die Himmel und die Erde können Mich nicht fassen, aber das Herz Meines gläubigen Dieners umfasst Mich.« Die innerste Mitte des Herzens wird das »Geheimnis« (*sirr*) genannt; das ist der unzugängliche Ort, wo das Geschöpf Gott begegnet. Die geistige Wirklichkeit des Herzens ist gewöhnlich verhüllt durch das egozentrische Bewusstsein; dieses gleicht das Herz seinem eigenen Schwerpunkt an, dem Bereich des Verstandes oder dem des Gefühls, den Neigungen entsprechend.

Das Herz ist für die anderen Fähigkeiten, was die Sonne für die Planeten ist: Von der Sonne empfangen sie ihr Licht und ihren Antrieb. Dieser Vergleich, der nach der heliozentrischen Sehweise noch deutlicher ist als nach dem geozentrischen System der Alten, wo die Sonne zwischen zweimal drei Planeten[89] die Himmelsmitte innehat, wurde von ʿAbd al-Karīm al-Dschīlī in seinem Buch *al-Insān al-Kāmil* entwickelt; nach dieser symbolischen Ordnung entspricht Saturn, der entfernteste Planet,[90] der ersten erkennenden Vernunft (*ʿaql*). Die erkennende Vernunft umfängt alles, so wie der Himmel des Saturns alle die anderen Planetenhimmel umfasst; andererseits stellt sich das »Abstrakte«, Kalte und »Saturnische« der Vernunft dem Sonnenhaften und Zentralen des Herzens entgegen, das den Geist [*intellect*] und seinen »gesamtheitlichen« und »existenziellen« Anblick kennzeichnet. Merkur symbolisiert das Denken (*fikr*), Venus die Vorstellungskraft (*chayāl*), Mars die Fähigkeit der Mutmaßung (*wahm*), Jupiter das geistige Streben (*himma*), der Mond den Lebensgeist (*rūḥ*). Wer einige Kenntnis der astrologischen »Aspekte« besitzt, kann aus diesem Schema leicht die Gutes oder Böses bewirkenden »Konjunktionen« der verschiedenen von den Planeten vorgestellten Kräfte ableiten.

Gemäß einem anderen Standpunkt wird das Herz dem Mond verglichen, welcher das Licht der Göttlichen Sonne widerspiegelt. Die Mondphasen entsprechen dann den verschiedenen empfänglichen Zuständen des Herzens oder auch, gleichlaufend, den verschiedenen »Offenbarungen« (*tadschalliāt*) des Göttlichen Seins.[91]

Himma bedeutet die Kraft der Entscheidung, das Verlangen, sich über sich selbst hinaus zu erheben, das geistige Streben. Folglich handelt es sich nicht um eine erkenntnishafte Fähigkeit, sondern um eine Eigenschaft des Willens; man könnte jedoch bemerken, dass der geistige Wille vorgreifend erkenntnishaft ist. Vom Gesichtspunkt der Verwirklichung her ist er die wichtigste und edelste Fähigkeit des Menschen: Der Mensch ist nicht wahrhaft Mensch, außer durch seinen Willen zur Befreiung, sein Streben nach oben, sinnbildlich kundgegeben durch sein Aufgerichtetsein, das ihn von den Tieren unterscheidet. *Himma* ist auch der Glaube, der Berge versetzt.

Der Lebensgeist, in Entsprechung zum transzendenten Geist *rūḥ* genannt, ist das, was die Hindus *prana* nennen und was die Alchimisten mit dem Begriff *spiritus* bezeichnen: Es ist eine fein-

89. Vergleiche unsere Studie: *Une clef spirituelle de l'astrologie musulmane d'après Muhyi-d-dîn 'Arabî.* Paris: Editions Traditionelles, 1950.

90. Unter den mit bloßem Auge erkennbaren Planeten.

91. Vergleiche unsere oben angeführte Studie.

stoffliche Seinsweise, die zwischen der unsterblichen Seele und dem Leib vermittelt; zum Göttlichen Geist verhält sie sich wie die Peripherie zur Mitte. Der Lebensgeist ist verhältnismäßig undifferenziert; er umfasst nicht nur den räumlich begrenzten Leib, sondern auch die Fähigkeiten der Wahrnehmung mit ihren Erfahrungsbereichen. Der Mensch ist sich seiner gewöhnlich nicht bewusst, aber in bestimmten Zuständen der Verwirklichung wird dieser Geist zum Träger eines unbestimmten geistigen Lichts, das sogar nach außen strahlen kann.

Die Fähigkeiten der Wahrnehmung können ihrerseits Träger des Göttlichen Geistes werden oder Spiegel, die sein Licht spiegeln. Zudem begreift jede sinnliche Fähigkeit, wie das Hören, das Sehen, der Geruch, der Geschmack, der Tastsinn, in sich ein einzigartiges Wesen, das sie der Beschaffenheit nach von den anderen Fähigkeiten unterscheidet; und dieses Wesen hat sein Urbild im reinen Sein [*Être*]. Für den geistigen Menschen, der das Sein im Hinblick auf eines dieser Urbilder verwirklicht, wird die entsprechende Fähigkeit zum unmittelbaren Ausdruck des allheitlichen Geistes dergestalt, dass er die ewigen Wesenheiten der Dinge »vernimmt«, dass er sie »sieht« oder »schmeckt«.[92] Andererseits zeigt sich die Einfühlung, die »Intuition«, von selbst, je nachdem als eine »Audition« (*samā'*), eine »Vision« (*ru'ya*) oder ein »Geschmack« (*dhawq*) von erkenntnishafter Art.

Wir haben gesagt, dass die beiden Gesichter des Geistes, das ontologische und das intellektuelle, sich jeweils im Herzen und im Verstand widerspiegeln. Auf einer mehr äußerlichen Stufe spiegelt sich der existenzielle Anblick des Göttlichen Geistes im Wort, der Ergänzung zur Vernunft; denn der allheitliche Geist ist zugleich Intellekt (*'aql*) und Wort (*kalima*), das heißt unmittelbarer »Ausdruck« des Göttlichen Seins. Diese beiden Anblicke finden sich übrigens in dem griechischen Begriff *logos* wieder, welcher zugleich »Prinzip«, »Idee« und »Wort« bedeutet; der Mensch wird in gleicher Weise bestimmt, als »denkendes Tier« oder als »Tier, mit Wort begabt« (*ḥayawān nāṭiq*). Grundsätzlich rührt die Idee, insofern als sie geistiger Widerschein der Wirklichkeit ist, vom Wort her, während im Menschen die Idee dem Wort vorangeht. Im Ritus der Anrufung (*dhikr*) wird die ursprüngliche Beziehung wie-

92. Vergleiche unsere Übersetzung von Auszügen von 'ABD AL-KARĪM AL-DSCHĪLĪ: *De l'Homme universel.* Sammlung «Soufisme», 1953.

derhergestellt, denn das offenbarte Wort – die heilige Formel oder der angerufene Göttliche Name – bekräftigt den ontologischen Zusammenhang mit dem Göttlichen Geist, während der Gedanke, gerade dadurch, dass er der Sitz des individuellen Bewusstseins ist, sich von seiner transzendenten Quelle praktisch trennt. So wird die Kraft des Wortes, welche eine Kraft der Tat ist, zum Mittel einer Erkenntnis des reinen Seins [*Être*].

Von der heiligen Handlung

DIE HEILIGE HANDLUNG IST DER AKT, DESSEN FORM VON einer Göttlichen Offenbarung herrührt. Das Fortbestehen der heiligen Handlung ist folglich selbst eine Form der Göttlichen Offenbarung, und diese ist in der heiligen Handlung gegenwärtig sowohl unter ihrem erkenntnismäßigen als auch unter ihrem seinsmäßigen Anblick, denn mit einer heiligen Handlung wird nicht nur ein Symbol dargestellt, sondern man nimmt, zumindest der Möglichkeit nach, an einer bestimmten Seinsweise teil, und diese Seinsweise hat eine außermenschliche und allheitliche Ausdehnung. Die Bedeutung der heiligen Handlung stimmt mit dem ontologischen Wesensgehalt ihrer Form überein.

Der heutige Mensch neigt im Allgemeinen dazu, in einem Ritus nicht mehr als ein Hilfsmittel zu einer ethischen Haltung zu sehen; diese allein, scheint ihm, vermag der heiligen Handlung Wirksamkeit zu verleihen, wenn er ihr überhaupt eine Wirksamkeit zuerkennt. Was er nicht sieht, ist die inbegriffene allheitliche Natur der Beschaffenheit der Form des Ritus; gewiss trägt ein Ritus keine Frucht, wenn er nicht mit einer Absicht (*nīya*), die ihm angemessen ist, vollzogen wird, denn nach einem Wort des Propheten »sind die Handlungen allein durch ihre Absichten von Wert«;[93] das bedeutet aber selbstverständlich nicht, dass die Absicht von der Form der Handlung unabhängig wäre. Gerade weil sich die innere Haltung mit der formgebundenen Wirkeigenschaft der heiligen Handlung verbindet, welche eine zugleich ontologische und erkenntnismäßige Wirklichkeit offenbart, ist der Akt dem individuellen seelischen Bereich entzogen.

Das Wesentliche der islamischen Riten, ihr »sakramentales« Element, wenn man so sagen kann, ist das Göttliche Wort, dessen Träger sie sind. Außerdem ist das Wort im Koran enthalten; allein das Vortragen des Korantextes stellt eine heilige Handlung dar. In einzelnen Fällen beschränkt sich dieser Vortrag auf einen bestimmten Satz, der eine bestimmte Anzahl von Malen wiederholt wird

93. Eine Ausnahme bilden die Konsekrationsakte, weil ihre Bedeutung rein objektiver Natur ist; es genügt, dass der Mensch die Berechtigung [*qualité*] hat, sie zu vollziehen, und dass er die vorgeschriebenen unerlässlichen Regeln beachtet.

mit dem Ziel, seine innerste Wahrheit und besondere Gnade zu vergegenwärtigen; dieses Verfahren ist im Islam besonders gebräuchlich, weil der Koran zu großen Teilen aus gedrängten Formeln zusammengestellt ist, die von rhythmischer Klangfülle sind und sich für Litaneien und Inkantation anbieten. Für die Exoterik können die Übungen der Anrufung nur zweitrangige Bedeutung haben; außerhalb der Esoterik werden sie niemals methodisch gebraucht, für diese aber sind sie eines ihrer wichtigsten Gnadenmittel.

Jede wiederholte innerliche oder hörbare Rezitation einer Formel oder eines heiligen Wortes wird mit dem Ausdruck *dhikr* bezeichnet; wir bemerkten bereits, dass dieser Begriff zugleich »Erwähnung«, »Gedenken«, »Anrufung« und »Erinnerung« bedeutet. Der Sufismus macht die Anrufung, den *dhikr* im strengen und eingegrenzten Sinn dieses Wortes, zum zentralen Mittel seiner Methode; hierin befindet er sich in Übereinstimmung mit der Mehrzahl der Überlieferungen des gegenwärtigen Menschheitszyklus.[94] Um die Tragweite dieses Mittels zu verstehen, muss man sich vergegenwärtigen, dass, gemäß der offenbarten Aussage, die Welt durch den Göttlichen Befehl (*amr*), das Wort Gottes (*kalima*), geschaffen wurde, was eine wirkliche Entsprechung zwischen dem allheitlichen Geist [*Esprit universel*] (*rūḥ*) und dem Wort anzeigt. In der Anrufung drückt sich das Ontologische der rituellen Handlung auf die unmittelbarste Weise aus: Hier ist das einfache »Aussprechen« des Göttlichen Namens, analog dem ursprünglichen und unbegrenzten »Aussprechen« des höchsten Seins, das Symbol für einen ungeschiedenen Zustand oder ein ungeschiedenes Erkennen, das dem nur verstandesmäßigen »Erkennen« überlegen ist.

Der Göttliche Name, von Gott selbst offenbart, beinhaltet eine Göttliche Gegenwart, die in dem Maße wirksam wird, in dem der Name vom Inneren des Anrufenden Besitz ergreift. Der Mensch kann sich nicht unmittelbar auf das Unendliche konzentrieren, aber indem er sich auf das Sinnbild des Unendlichen konzentriert, erreicht er das Unendliche selbst. Wenn sich das Individuum mit

94. Dieser Zyklus beginnt etwa mit der sogenannten »geschichtlichen« Zeit. Sehr bemerkenswert ist die Ähnlichkeit des islamischen *dhikr* mit dem hinduistischen *japa*-Yoga sowie mit den Methoden der Anrufung im hesychastischen Christentum; dennoch wäre es falsch, dem islamischen *dhikr* einen nicht-islamischen Ursprung zuzuschreiben, weil diese Hypothese erstens überhaupt nicht notwendig ist, zweitens von den Tatsachen widerlegt wird und schließlich die grundlegenden geistigen Tatsachen sich im Schoße jeder überlieferungstreuen Kultur kundgeben müssen.

dem Namen so weit vereinigt hat, dass alles bildhaft Gedankliche von der Form des Namens aufgesogen ist, offenbart sich plötzlich dessen Göttliches Wesen, denn diese heilige Form zielt auf nichts anderes als auf sich selbst; nur sie steht mit ihrer Göttlichen Wesenheit in positiver Beziehung, und ihre Grenzen lösen sich schließlich in ihr auf. Auf diese Weise wird die Vereinigung mit dem Namen zur Einung (*waṣl*) mit Gott selbst.

Die Bedeutung von »Erinnerung«, die in dem Wort *dhikr* enthalten ist, spricht mittelbar von dem gewöhnlichen Zustand des Menschen: von seinem Vergessen und seiner Gleichgültigkeit (*ghafla*). Der Mensch hat sein eigenes vorzeitliches Sein in Gott vergessen, und dieses tiefe Vergessen zieht weiteres Vergessen und weitere Gleichgültigkeit nach sich. Nach einem Wort des Propheten »ist diese Welt und alles, was sie enthält, verflucht, außer der Anrufung (oder dem Gedenken) Gottes (*dhikr-Ullāh*).« Der Koran sagt: »Siehe, das Gebet hütet vor Schadbarem und Verbotenem, und wahrlich, die Erwähnung Allāhs ist größer« (29:45); das legen einige so aus, dass die Erwähnung (oder das Gedenken) Gottes das Wesentlichste des Gebetes bildet; nach anderen weist diese Stelle auf den Vorrang der Anrufung vor dem Gebet hin.

Weitere Grundlagen in den heiligen Schriften, welche die Anrufung des Namens, oder der Namen, Gottes betreffen, sind folgende Koranstellen:

- »Gedenket Meiner, dass Ich eurer gedenke« (oder: »Erwähnt Mich, Ich werde euch erwähnen«) (2:152).

- »Rufet euern Herrn in Demut und im Verborgenen an [...] und rufet Ihn an in Furcht und in Verlangen; siehe, Allāhs Barmherzigkeit ist nahe denen, die Gutes tun« (*al-muḥsinīn*), denjenigen, die [die heilige Tugend] (*'iḥsān*) üben, das heißt die Vertiefung des Glaubens (*īmān*) durch die »Armut« (*faqr*) oder die »Aufrichtigkeit« (*'ichlāṣ*) und die »Unterwerfung« unter Gott (*islām*) (7:55–56). Die Erwähnung der Demut (*taḍarru'*) des »Geheimnisses« (*khāfiya*), der »Furcht« (*khawf*) und des »Verlangens« (*ṭama'*) an dieser Stelle ist von außerordentlicher innerlicher Bedeutung.

- »Und Allāhs sind die schönsten Namen. Drum rufet Ihn an mit ihnen« (7:180).

- »Oh ihr, die ihr glaubt, so ihr auf eine Schar trefft, steht fest und gedenket häufig Allāhs, damit es euch wohlergehe« (8:45). Der esoterische Sinn der Schar ist »die Seele, die zum Bösen verführt« (*nafs al-ammāra*); das ist eine Übertragung des wörtlichen Sinnes, welcher den »kleinen heiligen Krieg« betrifft (*dschihād al-'aṣghar*), auf die Ebene des »großen heiligen Kriegs« (*dschihād al-'akbar*).

- »Die, welche glauben und deren Herzen zum Frieden kommen im Gedenken an Allāh; ist es nicht im Gedenken an Allāh, dass die Herzen zum Frieden kommen?« (13:28). Hier ist der Zustand der Seele des weltlich Gesonnenen einer Verwirrung oder Erregung wegen seiner Zerstreuung in der Vielheit verglichen, die der äußerste Gegensatz zur Göttlichen Einheit ist.

- »Sprich: Rufet Ihn *Allāh* an [Zusammenfassung aller Göttlichen Namen und zugleich Transzendenz in Hinsicht auf ihre Unterscheidung] oder rufet Ihn *ar-Raḥmān* an [die Glückseligkeit, Allbarmherzigkeit oder die Gott wesentlich eigentümliche Schönheit-Güte] – wie ihr Ihn auch anrufen mögt, Sein sind die schönsten Namen« (17:110).

- »Wahrlich, in dem Gesandten Allāhs hattet ihr ein schönes Beispiel für jeden, der auf Allāh und den Jüngsten Tag hofft und Allāh viel anruft« (33:21).

- »Oh ihr Gläubigen, gedenket Allāhs in häufigem Gedenken« (*dhikran kathīrā*) (33:41).

- »So rufet Allāh an, lauter im Glauben [in einer reinen Religion] (*mukhliṣīna lahu-d-dīn*)« (40:14).

- »Und es spricht euer Herr: Rufet Mich an, Ich will euch erhören« (40:60).

- »Ist nicht die Zeit für die Gläubigen gekommen, ihre Herzen in der Erwähnung Allāhs zu demütigen?« (57:16).

- »Rufe an [gedenke] den Namen deines Herrn und weihe dich Ihm völlig« [das heißt in einer vollkommenen Hingabe] (73:8).

- »Wohl ergeht es dem, der sich reinigt und der den Namen seines Herrn anruft und betet« (87:14–15).

Diesen Koranstellen sind die Worte des Propheten hinzuzufügen:

- »Es ist im Aussprechen Deines Namens, dass ich leben und sterben muss.« Der Zusammenhang zwischen Name, »Tod« und »Leben« umschließt einen sehr bedeutenden initiatischen Sinn.

- »Es gibt ein Mittel, um alles zu glätten und das allen Rost entfernt; und was das Herz glättet, ist die Anrufung Gottes, und es gibt keine Tat, welche so sehr von der Züchtigung Gottes entfernt, wie diese Anrufung.[95] Die Gefährten sagen: ›Kommt der Kampf gegen die Ungläubigen diesem gleich?‹ Er entgegnet: ›Nein, selbst wenn man solange kämpft, bis das Schwert zerbrochen ist‹.«

- »Niemals kommen die Menschen zusammen, um den Namen Gottes anzurufen [Seiner zu gedenken], ohne dass sie von Engeln umgeben wären und die Göttliche Gunst sie einhüllte und der Friede (*sakīna*) auf sie herabkäme und Gott ihrer gedächte bei denen, die Ihn umgeben.«

- »Ein Beduine kam zum Propheten und fragte ihn: ›Wer ist der beste unter den Menschen?‹ Der Prophet antwortete: ›Gesegnet ist der Mensch, dessen Leben lang und dessen Taten gut sind.‹ Der Beduine sagte: ›Oh Prophet, welche ist die beste aller Taten?‹ Und jener: ›Dass du dich von der Welt

95. Nach dem Vishnu-Dharma-Uttara »genügt das Wasser, um das Feuer zu löschen, der Sonnenaufgang um die Finsternis [zu vertreiben]; im Kali-Zeitalter genügt die Wiederholung des Namens von Hari [Vishnu], um alle Irrtümer zu zerstreuen. Der Name Haris, gerade der Name, dieser Name ist mein Leben, es gibt – nein, es gibt ganz gewiss – keinen anderen Weg.« Führen wir auch noch die folgende Stelle aus dem Manava-Dharma-Shastra an: »Es kann kein Zweifel daran bestehen, dass ein Brahmane mit der *japa* (Anrufung) allein zum Ziele kommt, ob er andere Riten vollzieht oder nicht – er ist ein vollkommener Brahmane.« Ebenso noch das Mahabharata; es lehrt, dass »von allen Tätigkeiten (*dharma*) die *japa* (Anrufung) für mich die höchste ist« und: »Von allen Opfern bin Ich das *japa*-Opfer.«

trennst und dass du stirbst, während deine Zunge feucht ist im Wiederholen des Namens Gottes.«[96]

- »Ein Mensch sprach: ›Oh Prophet Gottes, die Gesetze des Islams sind wahrlich zahlreich, sage mir etwas, wodurch ich Belohnung erlangen könnte.‹ Der Prophet erwiderte: ›Lass deine Zunge stets feucht sein in der Anrufung Gottes‹.«

Das Umfassende der Anrufung wird mittelbar ausgedrückt durch die Einfachheit ihrer Form und durch ihre Fähigkeit, alle Kundgaben von Leben in sich aufzunehmen, deren unmittelbare oder elementare Natur sich mit dem »existenziellen« Anblick der heiligen Handlung verbindet. So unterwirft sich der *dhikr* leicht die Atmung, deren Doppelrhythmus nicht nur jede Lebensäußerung zusammenfasst, sondern, in sinnbildlicher Weise, das ganze Dasein.

Ebenso, wie das dem heiligen Wort innewohnende Gleichmaß sich die Bewegungen des Atems angleicht, kann dieser sich die Bewegungen des gesamten Leibes angleichen; das ist das Prinzip des heiligen Tanzes, der in den sufischen Gemeinschaften gepflegt wird.[97] Dieser Brauch ist umso bemerkenswerter, als die islamische Religion an sich dem Tanz und der Musik gegenüber feindlich eingestellt ist, denn die Einung mit einer geistigen oder Göttlichen Wirklichkeit mittels eines kosmischen Rhythmus hat in einer religiösen Sehweise, die an einer strengen und ausschließenden Trennung zwischen dem Schöpfer und dem Geschöpf festhält, keinen Raum. Übrigens gibt es Zweckmäßigkeitsgründe dafür, den Tanz aus dem religiösen Kult fernzuhalten: Die seelischen Begleiterscheinungen des heiligen Tanzes bergen Gefahren der Abirrung ins Magische. Dennoch bietet der Tanz eine zu unmittelbare und ursprüngliche Hilfe, als dass er nicht – regelmäßig oder gelegentlich – in der Esoterik der monotheistischen Religionen zu finden wäre.[98]

96. Kabīr: »Wie der Fisch das Wasser, liebt der Geizhals das Geld und die Mutter ihr Kind, ebenso liebt Bhagat den Namen. Die Augen rinnen, wenn sie den Weg betrachten, das Herz ist zu einer Pustel geworden im ständigen Anrufen des Namens.«

97. Nach einem *ḥadīth* »hat derjenige, der nicht im Gedenken an *den* Freund tanzt, keine Freunde.« Dieser Satz aus den heiligen Schriften ist eine der Grundlagen des Tanzes der Derwische.

98. Im Psalm 140 heißt es: »Sie sollen loben Seinen Namen im Reigen; mit Pauken und Harfen sollen sie Ihm spielen.« Man weiß, dass es in der jüdischen

Man berichtet, die ersten Sufis hätten ihren getanzten *dhikr* den Tänzen der arabischen Krieger aufgepfropft; später übernahmen orientalische sufische Orden, wie die Naqschabandīya, bestimmte Techniken des Hatha-Yoga, welche die Form ihrer Tänze veränderten. Dschalāl ad-Dīn Rūmī, der Begründer des Ordens der Mevlevi, ließ sich für den gemeinsamen *dhikr* seiner Gemeinschaft von den Tänzen und der Volksmusik Kleinasiens anregen.[99] Wenn wir hier die Tänze und die Musik der Derwische erwähnen, dann geschieht das deshalb, weil diese Äußerungen des Sufismus am besten bekannt sind; doch gehören sie nur zu den kollektiven und mithin recht peripheren Aspekten des *taṣawwuf*, und viele Meister haben sich dagegen ausgesprochen, ihren Gebrauch allzu sehr zu verallgemeinern. Auf keinen Fall sollten Übungen dieser Art gegenüber der Praxis des in der Zurückgezogenheit geübten *dhikr* die Oberhand gewinnen.

Die Anrufung wird vorzugsweise in innerer Zurückgezogenheit (*khalwā*) geübt, doch lässt sie sich auch mit allen Arten äußerer Tätigkeit verbinden. Sie setzt stets die Erlaubnis (*idhn*) eines geistigen Meisters voraus; ohne diese Erlaubnis kommt der Derwisch nicht in den Genuss der geistigen Hilfe, welche durch die initiatische Kette (*silsila*) weitergegeben wird; zudem läuft sein rein indi-

Esoterik den Tanz gibt; sein Vorbild hat er im Tanz von König David vor der Bundeslade. Das apokryphe Evangelium der Kindheit Jesu spricht vom Tanz der kindlichen Jungfrau auf den Stufen des Altars; einige Volksbräuche lassen den Schluss zu, dass diese Vorbilder im mittelalterlichen Christentum Nachahmung fanden. Die heilige Teresa von Ávila und ihre Nonnen tanzten zum Klang der Tambourins. »Während des *samkirtana* (dem »geistlichen Konzert«, dem hinduistischen Gegenstück zum islamischen *samāʿ*, oder genauer, zur *ḥaḍra* oder *ʾimāra*) achtet nicht auf den Tanz und die musikalische Begleitung, sondern sammelt euern Geist auf Seinen Namen [...] Wenn ihr den Namen Gottes aussprecht, beginnt euer Geist, sich über das *samkirtana* zu freuen, und die zugehörige Musik bereitet den Geist zur Betrachtung der Göttlichen Dinge. So wie ihr die *pujas* feiern und beten müsst, sollt ihr auch am *samkirtana* teilnehmen« (MA ANANDAMAYI: *Aux sources de la joie*. Paris: Albin Michel, 1996).

99. Ein ästhetisches Empfinden kann die Einfühlung unterstützen, in gleicher Weise wie ein Gedanke der Lehre und in dem Maße, in dem die Schönheit einer Form eine erkenntnishafte Wesenheit offenbart. Indessen liegt die besondere Wirksamkeit eines Mittels, wie der Musik in dem Umstand, dass sie vor allem das Empfindungsvermögen anspricht; sie klärt und verfeinert es: Der vollkommene Einklang des tätigen Erkenntnisvermögens, der Vernunft, mit dem duldigen Erkenntnisvermögen, dem Empfinden, ist eine bildliche Vorwegnahme [*préfiguration*] des geistigen Zustands (*ḥāl*).

viduelles Beginnen Gefahr, sich in offenem Widerspruch zu der wesentlich nicht-individuellen Eigenart des Symbols zu befinden, mit der Gefahr unberechenbarer seelischer Auswirkungen.[100]

❧

100. Al-Ghazālī sagt:

> Wenn der Mensch mit dem *dhikr* vertraut geworden ist, trennt er sich [innerlich] von allem. Im Tod ist er von allem geschieden, was nicht Gott ist [...] Was bleibt, ist allein die Anrufung. Wenn dieses Anrufen ihm vertraut ist, hat er seine Lust daran und es freut ihn, wenn die Hinderungen, die ihn davon ablenken, entfernt sind, dergestalt, dass er sich gleichsam allein mit seinem Geliebten befindet.

In einem anderen Text drückt sich al-Ghazālī folgendermaßen aus:

> Du musst allein sein in der Zurückgezogenheit [...] und, nachdem du dich niedergesetzt hast, dein Denken auf Gott ansammeln, ohne sonstige innere Beschäftigung. Das wirst du vollbringen, indem du zunächst den Namen Gottes aussprichst, indem du unaufhörlich wiederholst: *Allāh, Allāh...*, ohne in deiner Aufmerksamkeit nachzulassen. Das Ergebnis wird ein Zustand sein, in dem du ohne Anstrengung von deiner Seite diesen Namen in der unwillkürlichen Bewegung deiner Zunge spürst (aus: *'Iḥyā-'ulūm addīn,* »Die Wiederbelebung der religiösen Wissenschaften«).

Die Methoden der Anrufung sind verschieden, wie auch die geistigen Möglichkeiten. Bei dieser Gelegenheit müssen wir noch einmal mit Nachdruck auf die Unmöglichkeit hinweisen, sich solchen Übungen hinzugeben ohne ihre überlieferungstreue Umgebung und ohne deren normale Voraussetzungen.

Von der Meditation

DIE MEDITATION (*tafakkur*) IST EINE UNERLÄSSLICHE ERGÄNzung zur heiligen Handlung, weil sie die freie Entschlusskraft des Denkens zur Geltung bringt; ihre Grenzen sind jedoch die des Verstandes; ohne das ontologische Element der heiligen Handlung vermag sie nicht, aus der Trennung (*farq*) des individuellen Bewusstseins zur Synthese (*dscham'*) der formfreien Erkenntnis überzugehen. Im Islam gründet sie sich auf die Koranverse, welche sich an jene wenden, »die mit Verständnis begabt sind« und empfehlen, die »Zeichen« (die Sinnbilder) der Natur zu meditieren, und auch auf folgende zwei Aussprüche des Propheten: »Eine Stunde [ein Augenblick] der Meditation wiegt mehr als die guten Taten, die von den zwei Arten denkender Wesen [den Menschen und den Dschinns (*dschinn*)] vollbracht werden« und »Meditiert nicht über die Wesenheit, sondern über die Eigenschaften Gottes und Seine Gnade.«

Der Regel nach schreitet die Meditation in einer Kreisbewegung fort: Sie geht von einer wesentlichen Idee aus, deren verschiedene Anwendungen sie auffaltet, um sie am Ende wieder der anfänglichen Wahrheit zu vereinen, die auf diese Weise für das betrachtende Bewusstsein eine unmittelbarere und reichere Gegenwärtigkeit erlangt. Das ist das Gegenteil einer philosophischen Suche, denn diese betrachtet die Wahrheit als etwas, das im erkennenden Bewusstsein nicht wesentlich und von vornherein enthalten ist. Die Grundbewegung des Denkens ist die, welcher die Meditation folgt, und alle Philosophie, die das Gesetz davon verkennt, täuscht sich über ihr eigenes Vorgehen: Die Wahrheit, die sie aufgrund von Beweisgründen zu finden scheint, ist bereits in ihrem Ausgangspunkt enthalten, es sei denn, sie entdeckte am Ende eines langen verstandesmäßigen Umwegs die gedankliche Brechung eines leidenschaftlichen Elements, einer vorgefassten individuellen oder kollektiven Meinung.

Das im Einzelwesentlichen befangene Denken schließt immer einen blinden Punkt in sich, weil es sein eigenes erkenntnishaftes Wesen nicht kennt. Auch die Meditation erfasst die Göttliche Wesenheit nicht unmittelbar, sondern setzt sie voraus; sie ist ein

»weises Nicht-Wissen«, während die Gedankengebilde der Philosophie, die aus dem verstandesmäßigen Individualismus hervorgehen, ein »unwissendes Wissen« sind. Wenn die Philosophie die Natur der Erkenntnis untersucht, bewegt sie sich unvermeidlich in einem *circulus vitiosus:* Da sie das Subjekt von dem gegenständlichen Bereich abtrennt und in Ersterem nicht eine nur relative Wirklichkeit, im Sinne der individuellen »Subjektivität«, erkennt, vergisst sie, dass ihre eigenen Einsichten von der Wirklichkeit des Subjekts und der Wahrhaftigkeit, die es haben kann, abhängen. Wenn sie andererseits erklärt, jede Wahrnehmung habe nur »subjektive« Bedeutung und sei infolgedessen bedingt und ungewiss, vergisst sie, dass diese Behauptung für sich selbst Objektivität beansprucht. Für das Denken gibt es aus dieser Zwangslage keinen Ausweg; der Verstand [*mental*], der nur ein Teilchen des Alls oder eine der Seinsweisen des Daseins ist, kann weder das All umfassen noch seine eigene Stellung im Verhältnis zum Ganzen bestimmen; wenn er das dennoch versucht, dann darum, weil er in sich einen Funken jenes Geistes [*Intellect*] hat, der wirklich alles umfasst und durchdringt.

Der Hadith über die Meditation, den wir als zweiten anführten, bedeutet, dass die Göttliche Wesenheit niemals Gegenstand des Denkens werden kann, welches von Natur aus unterscheidend erkennt, während die Wesenheit eins ist. Die Meditation hingegen erkennt die Göttlichen Eigenschaften in einer gewissen Weise, jedoch ohne sie unmittelbar zu »schmecken«, was bereits zum Bereich der reinen Anschauung gehören würde.

Der eigentliche Bereich der Meditation ist das Unterscheiden des Wirklichen vom Unwirklichen, und der Gegenstand dieser Unterscheidung schlechthin ist das »Ich«. Die beschauliche Unterscheidung erreicht die Wurzel der subjektiven Individuation nicht unmittelbar, aber sie erfasst ihre äußerlichen Anblicke, welche ebenso viele Unverhältnismäßigkeiten vorstellen zwischen einer gleichsam absoluten, im Ego inbegriffenen Behauptung [*affirmation*] und der vergänglichen und bruchstückhaften Beschaffenheit der individuellen menschlichen Natur. Es gilt klar zu verstehen, dass es nicht diese individuelle Natur als solche ist, welche die egozentrische Illusion bildet; der »Schleier« (*ḥidschāb*), den es zu zerreißen gilt, besteht allein darin, dieser individuellen Natur unabhängige Eigengesetzlichkeit und eine »Apriorität« zuzuschreiben, welche nur der Göttlichen Wesenheit zukommt.[101]

Über die Betrachtung nach Muhyīddīn Ibn ʿArabī*

NACH IBN ʿARABĪ WIRD DER GEISTIGE ZUSTAND (*hāl*), DAS heißt die plötzliche Erleuchtung des Herzens, durch die wechselseitige Einwirkung der Göttlichen Strahlung (*tadschallī*)[102] und der »Veranlagung« der »Bereitschaft des Herzens« (*istiʿdād*) verursacht, zweier Pole, deren jeder, entsprechend dem Blickpunkt, den man einnimmt, als bestimmend oder als bestimmt erscheint.

Im Gegensatz zu der überförmlichen und allgegenwärtigen Göttlichen Wirklichkeit, die keine Eigenschaft zu beschreiben vermag, kann die besondere Eigenart eines geistigen Zustands nur der Bereitschaft des Herzens zugeschrieben werden, das heißt der tiefen innersten Empfänglichkeit der Seele in Übereinstimmung mit dem berühmten Ausspruch von al-Dschunaid: »Die Farbe des Wassers ist die Farbe seines Behälters.«

Andererseits ist die Bereitschaft des Herzens lediglich reine Möglichkeit; außerhalb der Göttlichen Strahlung kann niemand sich ihrer bewusst werden, denn die Möglichkeit lässt sich nur in dem Maße ergründen, in dem ihre Inhalte zur Kundgebung kommen. Es ist die Strahlung, welche die Bereitschaft verwirklicht; sie verleiht dem geistigen Zustand seine Erkennbarkeit – er ist »durch sich selbst offenkundig«, sagt Ibn ʿArabī –, denn sie offenbart sich in ihm unmittelbar und positiv als ein Göttlicher »Name« oder »Anblick«, während die Bereitschaft als solche »das Verborgenste

101. Die Tatsache, dass sich der vollkommene Weise seiner individuellen Natur bewusst ist, beinhaltet nicht, dass er sich davon täuschen ließe, und sie hindert ihn nicht, die Illusion zu überwinden.

102. Wir wiesen bereits darauf hin, dass *tadschallī* zugleich »Ausstrahlung«, »Offenbarung« und »Enthüllung« bedeutet. Um das Verhältnis zu verstehen, welches die Vorstellung der »Enthüllung« mit der der »Ausstrahlung« verbindet, muss man sich das Bild der Sonne vor Augen führen, welche strahlt, sobald sich die Wolken auflösen. Dieselbe Doppelwertigkeit der Aspekte findet sich in dem Koranvers wieder: »Bei der Nacht, wenn sie bedeckt, und dem Tag, wenn er (sich) enthüllt« – oder: erstrahlt (*tadschallā*) (92:1–2).

* Vergleiche hierzu auch die in der deutschen Erstausgabe enthaltene kürzere Version dieses Kapitels auf Seite 84 [A.d.H.].

bleibt, was es gibt«, wie unser Autor in den *Fuṣūṣ al-Ḥikam* schreibt (Kapitel über Seth).

Gemäß diesem letzten Aspekt ist somit die gesamte Bereitschaft des Herzens ein Erwidern der Göttlichen Strahlung oder Offenbarung, deren Aufblitzen sie immer aufs Neue erfährt; diese Blitze bleiben sich nicht gleich, sie entsprechen den verschiedenen »Anblicken« oder »Namen« Gottes, und dieser Vorgang erschöpft sich niemals, weder vonseiten der Göttlichen Strahlung, die ihrem Wesen nach unerschöpflich ist, noch vonseiten der ursprünglichen Empfänglichkeit des Herzens.

Ibn ʿArabī stellt sich abwechselnd auf den einen oder andern der beiden Standpunkte: Einerseits bestätigt er, dass der Göttliche »Inhalt« der Erleuchtung unfassbar ist und allein die empfängliche »Form« des Herzens der Strahlung ihre Eigenschaft oder »Farbe« gibt – eine »Form«, die allein aus der tiefen Bereitschaft des Menschen zur Entfaltung kommen kann; andererseits sagt er, dass »Form«, die das Herz bei der Betrachtung Gottes annimmt, sich gänzlich den Weisen der Ausstrahlung vermähle. Mit einem Wort: Das empfangende Gefäß kann der Göttlichen Strahlung nur eine Begrenzung geben, und diese Begrenzung ist nichts im Hinblick auf seinen Wertgehalt; das, was sich in ihr – und in gewisser Weise durch sie – offenbart, ist nichts anderes als eine Göttliche Eigenschaft (*ṣīfa*) oder Wirklichkeit (*ḥaqīqa*), einbegriffen in der einen und unendlichen Wesenheit. Die beiden Blickpunkte scheinen einander zu widersprechen, weil sich der eine auf die Kundgebung Gottes in Seinen allheitlichen Eigenschaften bezieht, wobei diese Kundgebung in gewisser Weise »objektiv« ist, während der andere der »subjektiven« Wirklichkeit der Göttlichen Wesenheit zugewandt ist. Ibn ʿArabī schreibt hierzu (ebenda, Kapitel über Jitro):

> Das Herz des Gott-Erkennenden (*ʿārif*)[103] hat eine solche Weite, dass Abū Bāyazīd Bistāmī von ihm sagte: »Wenn der Göttliche Thron, mit allem, was ihn umgibt, sich hundert Millionen Mal in einem Winkel des Herzens des Gott-Erkenners fände, er würde es nicht bemerken.« Und al-Dschunaid sagt im gleichen Sinne: »Wenn das Vergängliche

103. Wir gebrauchen den Ausdruck »(Gott-)Erkennender« [*gnostique*] nach seinem etymologischen Sinn und so, wie die Kirchenväter – etwa der heilige Clemens von Alexandrien – ihn verstanden, ohne Rücksicht auf seine Anwendung auf einige Sekten.

> und das Ewige sich vereinen, bleibt von dem Ersteren keine Spur mehr; denn wie würde das Herz, welches das Ewige enthält, das Vorhandensein des Vergänglichen wahrnehmen?
>
> Aber die Form der Göttlichen Strahlung kann sich wandeln; folglich muss sich das Herz gemäß dieser Strahlung ausdehnen oder zusammenziehen, denn es kann sich ihren Seinsweisen nicht entziehen [...] Das ist umgekehrt zu dem, wie die Menschen unseres Weges es sahen, als sie sagten, Gott offenbare Sich gemäß der Bereitschaft des Anbetenden. Wir aber verstehen das anders: Er ist der Anbetende, der sich Gott kundtut gemäß der »Form«, in der Gott Sich ihm offenbart (*tadschallā*).

Die Bereitschaft, erklärt der Meister weiter, hat ihr Fundament im unwandelbaren Grund des Wesens (*'ayn ath-thābita*); folglich ist sie Ausdruck dessen, was dieses Wesen selbst als ständige in Gott enthaltene Möglichkeit ist. In diesem Sinne, nämlich im ursprünglichen Zustand der Nicht-Kundgegebenheit (*ghayb*), erhält das Herz, das heißt der unvergängliche Wesenskern des Menschen, seine »Bereitschaft«: Gott »teilt sie ihm mit« im Geheimnis der reinen Göttlichen Selbstheit [*aséité*] (*huwiyya*), sodann offenbart Er Sich ihm in einer »objektiven« Weise, indem Er ihm die »Formen« Seiner »Namen« oder »Anblicke« aufprägt »dergestalt, dass der eine den andern sieht und dass das Herz sich seinerseits unter dem Anblick zeigt, der sich ihm offenbart« (ebenda).

So lässt sich die geistige Polarität der »Strahlung« und der »Bereitschaft« letztlich auf die rein metaphysische Polarität des reinen Seins (*wudschūd*) und der »unwandelbaren Wesenheiten« (*a'yān ath-thābita*) zurückführen, die im nicht kundgegebenen »Abgrund« der Wesenheit [*Essence*] einbegriffen sind. Das Sein [*être*] »ergießt sich« (*afāda*) in die unwandelbaren Wesenheiten, insofern diese implizit die Unterscheidungen oder Grenzen setzen, welche die Welt bilden. Aber diese Unterscheidungen sind nichts aus sich selbst, sie fügen dem Licht des reinen Seins nichts hinzu, so wenig die unwandelbaren Wesenheiten etwas sind, das sich wirklich von der Reinen Wesenheit (*Dhāt*) unterschiede. Anders gesehen: Es ist durch das Brechen des Reinen Seins, dass die bedingten Möglichkeiten, die in den Archetypen (unwandelbaren Wesenheiten) enthalten sind, sich gemäß ihrer verschiedenen Weisen verwirklichen, und es ist in Bezug auf diese gleichen Möglichkeiten, dass sich das Göttliche Sein seinerseits in vielfache personalisierte Anblicke polarisiert. Diese umfassende Schau hat, was sich von selbst versteht, nichts mit einer psychologischen Erklärung zu tun, nicht einmal mit einer alchimistischen oder mystischen Erklärung; sie hat keinen anderen Sinn als den, einen Erkenntnisschlüssel zu liefern, welcher den Gegensatz von Subjekt und Objekt zu überwinden hilft.

Aus dieser Sicht betrachtet, beschränkt sich die »Bereitschaft des Herzens«, seine Fähigkeit, diese Göttliche Offenbarung aufzunehmen, also nicht auf Psychologie, hat aber dennoch einen gewissen psychologischen Aspekt, gleichsam den Schatten dessen, was sie wesentlich ist. Einige Seinsweisen der Bereitschaft lassen sich in einer rückwärtsgewandten Schau erfassen; man kann sie durch Symbole hindurch ahnen, doch sind das nur unvollkommene Vorstellungen;[104] in ihrer Gesamtheit ist sie der Reichweite des Bewusstseins stets entzogen. Die »Bereitschaft« lässt sich unmittelbar nur durch ihre erkenntnismäßige Eingliederung in den Archetyp[105] erfassen, welche jede geschaffene Ordnung übersteigt,

> denn es übersteigt offensichtlich die Fähigkeiten des Geschöpfes als solchem, [...] mit Göttlichem Wissen zu erkennen, welches die Archetypen (*a'yān ath-thābita*) im Zustand ihrer Nicht-Kundgegebenheit umgreift, denn diese Archetypen sind nur reine Beziehungen [im Inneren] der Höchsten Wesenheit und sie sind gestaltlos [– Das unmittelbare Erkennen und die innerste Bereitschaft des Menschen sind also nur möglich durch eine Teilhabe am Göttlichen Wissen –], eine Teilhabe, welche eine im Voraus bestimmte Göttliche Hilfe für den betreffenden Menschen darstellt [...] vermöge eines bestimmten Gehalts seines eigenen unwandelbaren Wesens (ebenda, Kapitel über Seth).

Diese Erkenntnis des eigenen Archetyps ist nichts anderes als die Erkenntnis des wahren Selbsts [*soi*] oder *atman,* nach einem der in-

104. Diese »Vorstellungen« [*«aperçus»*] sind nicht ohne Zusammenhang mit dem, was im Buddhismus als die »Erinnerung an Existenzen« bezeichnet wird, die dem Erdenleben des Individuums vorausgingen.

105. Grundsätzlich beschränkt sich das dem Vermögen nach Vorhandene [*potentialité*] auf die Möglichkeit, welche ständig – nicht dem Vermögen nach – im Göttlichen Geist [*Intellect*] ist.

dischen Lehre entliehenen Ausdruck, oder, sufisch bezeichnet, der Selbstheit [*aséité, ipséité*] (*huwiyya*). Diese Erkenntnis lässt sich als Göttlich »subjektiv« bezeichnen, denn sie setzt die – endgültige oder vorübergehende – Einung des Geistes mit dem Göttlichen »Subjekt« voraus und auch, dass Gott in ihr nicht den »Gegenstand« der Betrachtung oder Erkenntnis darstellt. Es ist, im Gegenteil, das bedingte Subjekt, das Ego, welches dann – in seiner grundsätzlichen Möglichkeit – in Beziehung zum allheitlichen und absoluten Subjekt, dem einzigen, welches es gibt, zum »Objekt« wird, sofern derartige Unterscheidungen auf der »Ebene des Göttlichen«[106] überhaupt noch anwendbar sind. Der »Gesichtspunkt«, der in der Erkenntnis des Selbsts [*soi*] ins Spiel kommt, ist folglich in gewisser Weise das Gegenteil von dem der »objektiven« Betrachtung Gottes in Seinen Namen und Eigenschaften, obwohl man diese letztere »Schau« nicht auf das bedingte Subjekt als solches zurückführen kann, denn in Wirklichkeit sind nicht wir es, die Gott betrachten, sondern Gott selbst betrachtet Sich in Seinen Eigenschaften, deren Kundgebungen wir sind.

In Seiner unendlichen überpersönlichen Wesenheit (*Dhāt*) wird Gott nicht das »Objekt« irgendwelcher Erkenntnis. Er bleibt stets der einbegriffene Zeuge (*Schahīd*) jedes Erkenntnisaktes, also Der, durch Den und in Dem jedes Wesen sich erkennt: »Nicht erreichen Ihn die Blicke, Er aber erreicht die Blicke« (Koran 6:103). Der Göttliche Zeuge kann nicht »erfasst« werden, denn Er ist es, Der alle Dinge erfasst; ebenso geht jede geistige Einung mit dem Göttlichen Subjekt von Ihm selbst aus, was Ibn 'Arabī ausdrückt indem er sagt, die Einung verwirkliche sich »vermöge eines bestimmten Gehalts der unwandelbaren Wesenheit dieses Menschen, welchen er erkennt, sobald Gott ihn diesen sehen lässt«, was darauf hinausläuft zu sagen, dass die Erkenntnis des eigenen Selbsts vom »Höchsten Selbst« ausfließt.[107] Die geistige Einung mit dem Göttlichen Subjekt hat indessen erkenntnishafte Vorwegnahmen, welche der tatsächlichen Verwirklichung in gewisser Weise vorgreifen,

106. Sie sind das in ihrer ursätzlichen Wirklichkeit, nicht aber in dem, was sie auf der geschöpflichen Ebene psychologisch und materiell Begrenzendes in sich schließen. Im Bereich des Grundsätzlichen sind das »Subjekt« und das »Objekt« die beiden Pole jeder Erkenntnis, nämlich der »Erkennende« (*'āqil*) und der Erkannte (*ma'qūl*).

107. Auch in der Lehre des Vedanta wird das Absolute Subjekt als der »Zeuge« (*sakshin*) bezeichnet.

und diese kann im Menschen Stufen der Gegenwärtigkeit haben, obwohl die wesentliche Einung in sich keinerlei Stufung enthält; auf all diesen Stufen wird das bedingte Subjekt auf eine mehr oder weniger vollkommene Weise »objektiviert«.[108]

Ibn 'Arabī sagt:

> Die überpersönliche Wesenheit (*Dhāt*) »offenbart« sich nur in der »Form« der Bereitschaft des Menschen, der diese Offenbarung empfängt; anders vollzieht sich das niemals. Der Mensch, der die wesentliche »Offenbarung« (*tadschallī dhātī*) empfängt, sieht von da an in dem Göttlichen Spiegel nur seine eigene »Form«; er wird nicht Gott sehen – Ihn zu sehen ist unmöglich – und dennoch wissen, dass er seine eigene »Form« nur vermöge dieses Göttlichen Spiegels sieht. Dies entspricht gänzlich dem, was in einem körperhaften Spiegel geschieht: Wenn du darin die Formen betrachtest, siehst du nicht den Spiegel, obwohl du sehr wohl weißt, dass du diese Formen – oder deine eigene Gestalt – nur dank des Spiegels erblickst. Diese Erscheinung hat Gott offenbart als das besonders geeignete Sinnbild für Seine Wesensoffenbarung, damit derjenige, dem Gott Sich offenbart, wisse, dass er nicht Ihn erblickt [...] Bemühe dich also, den Körper des Spiegels zu sehen, während du die Form betrachtest, die sich darin spiegelt [...]: Du wirst sie niemals zur gleichen Zeit sehen. Dies ist so wahr, dass einige, die dieses Gesetz der Spiegelung in den [körperlichen und geistigen] Spiegeln beobachteten, behauptet haben, die gespiegelte Form trete zwischen den Blick des Betrachtenden und den Spiegel selbst; das ist das Höchste, was sie im Bereich des Erkenntniswissens erfasst haben. In Wirklichkeit aber verhält es sich damit so, wie wir sagten,

nämlich dass die gespiegelte »Form« nicht den Spiegel eigentlich verdeckt, denn dieser offenbart die Form, und mithin wissen wir, dass wir sie nur vermöge des Spiegels erblicken. Der dieser Symbolik eigene geistige Standpunkt entspricht dem des Vedanta: Die

108. Die methodische Objektivierung der eigenen verhältnismäßigen Person – des empirischen Egos – und die wesentliche Einung mit dem »Standpunkt« der Göttlichen Person finden sich in jener Definition der geistigen Tugend (*'iḥsān*), die wir bereits anführten: »Bete Gott an, wie wenn du Ihn sehen würdest, und wenn du Ihn nicht siehst, so sieht Er doch dich« (*ḥadīth Dschibrāil*).

Unmöglichkeit, den Spiegel objektiv zu erfassen, während wir darin unser Bild betrachten, drückt die Unfassbarkeit des absoluten »Subjekts«, *atman,* aus, von dem alles, einschließlich des individuellen Subjekts, nichts als eine täuschende »Objektivierung« ist. Ebenso wie der Ausdruck Göttliches »Subjekt«, ruft das Spiegelsymbol eine Polarität hervor, während die Höchste Wesenheit jenseits aller Zweiheit, wie der von »Subjekt« und »Objekt«, ist; das aber ist etwas, was kein Symbol auszudrücken vermag. Ibn 'Arabī fährt fort:

> Wenn du das erfährst [nämlich, dass der betrachtende Mensch niemals die Höchste Wesenheit selbst erblickt, sondern seine eigene »Form« im Spiegel der Wesenheit], erfährst du die äußerste Grenze, die dem Geschöpf erreichbar ist. Strebe also nicht höher hinaus und ermüde deine Seele nicht damit, diese Stufe [in »objektiver« Weise] zu übersteigen, denn dort ist, grundsätzlich und endgültig, nichts als reine Nicht-Existenz.

Dies bedeutet nicht, dass die Höchste Wesenheit nicht erkannt werden könnte:

> Einige unter uns kennen die unmittelbare Gotteserkenntnis nicht und führen hierzu den Ausspruch des Kalifen Abū Bakr an: »Zu verstehen, dass man ohnmächtig sei, die Erkenntnis zu erkennen, ist eine Erkenntnis.«[109] Einen unter uns jedoch gibt es, der wahrhaft erkennt und der sich nicht so äußert, denn seine Erkenntnis enthält keinerlei Unvermögen zu erkennen; sie umfasst das Unaussprechliche.

Alles, was wir dargelegt haben, fasst der Meister in folgende Worte zusammen: »Gott ist somit der Spiegel, in dem du dich selbst erkennst, so wie du Sein Spiegel bist, in dem Er Seine Namen betrachtet; diese nun sind nichts anderes als Er selbst, dergestalt, dass die Entsprechung der Verhältnisse umgekehrt ist« (ebenda, Kapitel über Seth).

❧ ❧ ❧

109. In seiner tiefsten Bedeutung passt dieses Wort zu der vedantischen Unterscheidung zwischen der »höchsten Person« [*Sujet*] oder *atman* und ihrer illusorischen »Objektivierung«, der individuellen Person [*sujet*] oder *jiva.*

Der andere Scheich Ibrahim

Ein Portrait des Mystikers Titus Burckhardt*

Von Beat Stauffer

DER BASLER SCHRIFTSTELLER UND FORSCHER TITUS BURCKhardt, der im Oktober letzten Jahres neunzig geworden wäre, ist hierzulande kaum bekannt. Er steht völlig im Schatten seines Vorfahren Johann Ludwig Burckhardt, der Anfang des letzten Jahrhunderts berühmte historische Stätten im Orient entdeckte und ebenfalls »Scheich Ibrahim« genannt wurde. Doch vor allem im englischen Sprachraum werden die Bücher von Titus Burckhardt hoch geschätzt und erleben ständig Neuauflagen. Burckhardt, dessen Person und Werk nur schwer einzuordnen sind, gilt als einer der ganz großen Kenner des während Jahrtausenden überlieferten »inneren« Wissens und im Besonderen der islamischen Mystik. Im Maghreb wird ihm auch aus einem weiteren Grund

* Aus der *Basler Zeitung* vom 16. Januar 1999.

viel Verehrung entgegengebracht: Burckhardt hat sich wie kein Zweiter um die Erhaltung der weltweit einzigartigen historischen Altstadt von Fès bemüht. Im kommenden Frühjahr findet in Marokko zu seinen Ehren ein internationales Kolloquium statt.

Der großgewachsene ältere Mann, der an einem Wintertag des Jahres 1978 das Café Schiesser betrat, erregte sogleich die Aufmerksamkeit der Kaffee trinkenden Damen. Er trug einen kunstvoll gefalteten Turban und einen wollenen Kapuzenmantel, eine Dschellaba. Die orientalische Tracht verlieh dem älteren Herrn ein überaus würdiges Aussehen; derlei Fremde waren in Basel in den 1970er-Jahren noch eine Seltenheit, und so dürften sich manche Gespräche über den Kaffeehausbesuch des exotischen Gastes ergeben haben. Eine junge Baslerin, die sich eher zufällig im Café befand, erkannte allerdings sogleich, dass es sich bei diesem Orientalen um Scheich Ibrahim handeln musste. Mit bürgerlichem Namen: Titus Burckhardt.

Frühe Suche nach einem Sufi-Meister

Es ist kein Zufall, dass Burckhardt in seiner Heimatstadt kaum mehr bekannt ist. Geboren 1908 in Florenz als Sohn des Bildhauers Carl Burckhardt, verbrachte er den größten Teil seines Lebens außerhalb der Region Basel. Vor allem aber beschäftigte er sich vornehmlich mit Dingen, die, zumindest in den Dreißiger- und Vierzigerjahren, geistig Lichtjahre entfernt lagen von der Gemüts- und Interessenlage seiner Zeitgenossen. Der Kontrast zwischen dem Zeitgeist der Schweizer Landesausstellung von 1939, der auf Abschottung, Bekräftigung nationaler Werte und geistige Landesverteidigung ausgerichtet war, und der spirituellen Suche eines Titus Burckhardt, die ihn schon als jungen Menschen zu einem Sufi-Meister führte, könnte größer nicht sein.

Diesen Weg in seinen Umrissen nachzuzeichnen, erscheint aus heutiger Perspektive äußerst spannend. Dazu kommt, dass Titus Burckhardts Ruf als singuläre Figur, als außergewöhnlicher Forscher und Denker von internationalem Rang nie nachgelassen hat. Er sei einer der größten und gleichzeitig am wenigsten bekannten Autoren dieses Jahrhunderts, der sich mit der geistigen Überlieferung und ihren vielfältigen Ausdrucksformen in der Mystik, in der Kunst und im traditionellen Kunsthandwerk beschäftigt hätten. Diese Auffassung vertritt der Architekt und Publizist Stefano Bianca, der während Jahren eng mit Burckhardt zusammengearbeitet hat und heute als Leiter des Historic Cities Support Programme des Aga Khan Trust for Culture in Genf wirkt. Für den Islamwissenschaftler und Unesco-Experten Jean-Louis Michon gehören die Werke Burckhardts schließlich zu den bedeutendsten, die in diesem Jahrhundert über die islamische Welt verfasst worden sind.

Tatsache ist, dass Burckhardts Schriften heute, dreißig bis fünfzig Jahre nach ihrem Erscheinen, zunehmend gefragt sind. Was Burckhardt schrieb, ist in weiten Teilen derart substanziell, dass ihm weder die Launen des Zeitgeistes noch andere Umstände etwas anhaben konnten. Dazu gehören insbesondere seine Werke über islamische Mystik, über arabisch-islamische Kultur und über das Religiöse in der Kunst in verschiedenen Kulturepochen. In den letzten Jahren sind zahlreiche seiner Werke neu aufgelegt und in andere Sprachen übersetzt worden. Doch ausgerechnet im deutschen Sprachraum fristen sie ein Schattendasein.

Dafür sind verschiedene Gründe maßgebend. Einer ist zweifellos der, dass sich Burckhardt, obwohl hochgebildet, außerhalb der im engeren Sinne akademischen Welt bewegte. Er war ein *uomo universale* wie nur wenige, war Künstler, Forscher und Schriftsteller und hielt sich nicht für zu gut, ein traditionelles Handwerk zu erlernen. Sein Werk lässt sich nur schwer klassifizieren: Es beinhaltet Grenzüberschreitungen, welche manche Vertreter des akademischen Denkens irritierte. Vor allem aber misstraute Burckhardt zutiefst dem modernen europäischen Wissenschaftsbetrieb und seinen Grundprinzipien. Sein Wahrheitsbegriff war ein anderer: Die inneren Wahrheiten, für die er sich interessierte, ließen sich mit solchen Methoden nicht ans Tageslicht bringen. »Die einzigen Bücher, welche es wert sind, gelesen zu werden, sind die, welche dem Herzen entspringen und wiederum zum Herzen zu sprechen vermögen«, schrieb Burckhardt in einem seiner Bücher. Teilnahmslosigkeit war seine Sache nicht; und so schrieb er nicht aus der Sicht eines westlichen »Experten« über islamische Mystik, sondern unternahm es, diesen Weg selber zu gehen.

Auf den ersten Blick wirkt Titus Burckhardt seltsam unzeitgemäß. Seine Suche nach geistigen, überzeitlichen Werten, nach einer Spiritualität jenseits enger Schranken, sein offensichtliches Desinteresse an Realpolitik, an soziologischen oder ökonomischen

Fragestellungen ist in der heutigen Zeit eine Provokation. Mit der 68er-Bewegung hatte er nicht nur aus Altersgründen kaum etwas am Hut – außer vielleicht der Utopie eines menschenwürdigen Lebens, das er allerdings auf andere Weise angestrebt hätte. Als »Wertkonservativen« würde man Burckhardt heute wohl bezeichnen, wären solche Begriffe nicht allesamt untauglich, sein vielschichtiges Werk und seine komplexe Persönlichkeit zu erfassen. Burckhardt scheint sich all diesen Klassifikationen zu entziehen.

Hält man sich aber den heutigen Esoterik-Boom vor Augen, das anhaltende Interesse an östlichen Religionen und am Islam, das Bedürfnis nach verlässlichen Werten jenseits der postmodernen Beliebigkeit, die Bewunderung auch für die Weisheit gewisser traditioneller Lebensformen, so erscheint Titus Burckhardt mit einem Mal hochaktuell. Bedenkt man schließlich, mit wieviel Bescheidenheit, Respekt und Einfühlungsvermögen sich Burckhardt der arabisch-islamischen Kultur näherte und wie kenntnisreich er später in Europa darüber zu berichten wusste, so kann man nur bedauern, dass dieser Mensch und sein Werk hierzulande nicht einer größeren Öffentlichkeit bekannt sind.

Es ist an dieser Stelle nicht möglich, den Lebensweg von Titus Burckhardt nachzuzeichnen. Eine Biografie, die diesen Namen verdient, existiert bis heute nicht. Im Folgenden sollen in erster Linie diejenigen Abschnitte seines Lebens beleuchtet werden, die er in Marokko – genauer in Fès – verbrachte und die einen zentralen Stellenwert in seinem Leben besitzen: die Zeit Anfang der Dreißigerjahre, die für den weiteren Verlauf seines Lebens prägend wurden, und sein zweiter längerer Aufenthalt in Fès vierzig Jahre später, als er im Auftrag der Unesco einen Plan zur Rettung der historischen Altstadt erarbeitete.

Lehrjahre in Fès

Der blonde, hochgewachsene junge Mann, der sich Anfang des Jahres 1933 in der Altstadt von Fès niederließ, dürfte der Aufmerksamkeit der Bewohner der Medina nicht entgangen sein. Doch es stellte sich bald heraus, dass der junge *fransaoui* – so nennt man dort bis heute alle Europäer – mit der herablassenden Haltung der meisten Westler nichts gemein hatte. Er kleidete sich auf traditionell marokkanische Art, lernte Arabisch wie auch den

Mulay 'Alī ad-Darqāwī

marokkanischen Dialekt, bat einen alten Handwerker, ihn als Lehrling aufzunehmen, damit er das Handwerk der Stuckateure erlerne. Groß war das Erstaunen der Altstadtbewohner, als sie feststellen konnten, dass der junge Europäer ein paar Monate später die Pforten der berühmten Quaraouiyine, der vor mehr als tausendzweihundert Jahren gegründeten theologischen Universität, überschritt. Wie konnte es ein Fremder wagen, in diese Hochburg traditionell islamischen Denkens einzudringen? Darauf gab es nur eine Antwort: Der *nazrani* – »Christ« – hatte sich zum Islam bekehrt, war einer der Ihren geworden.

Man hatte sich mittlerweile an den Sonderling gewöhnt, der allen Vorstellungen über die Art der Europäer völlig widersprach. Da machte das Gerücht die Runde, dass der fremde Gast gar mit einem Meister des inneren Wissens in Kontakt stehe; etwas, das noch keinem Europäer vor ihm gelungen sei. Der Meister hieß Mulay 'Alī ad-Darqāwī und war seinerseits Sohn des Großmeisters des Ordens der Darqāwiyā, welcher in der marokkanischen Sufi-Bewegung eine zentrale Rolle spielt. So hatten sich Sidi Brahim – so wurde er mittlerweile genannt – gar die Pforten einer Bruderschaft geöffnet.

Titus Burckhardt hat die Gründe und näheren Umstände seiner Bekehrung zum Islam für sich behalten. Klar ist aber, dass er sich schon vor seiner Reise nach Fès zusammen mit ein paar engen Freunden intensiv mit dem Islam und vor allem mit dessen mystischen Überlieferungen auseinandergesetzt hat. In den Erinnerungen, die er kurz vor seinem Tod diktierte, bekannte er denn auch offen, dass er auf der Suche nach einem spirituellen Meister nach Fès gegangen sei. Die erste Begegnung mit seinem geistigen Lehrer Mulay 'Alī beschreibt er folgendermaßen:

> Im Frühjahr 1933 wagte ich es, ihn unvermittelt in seinem Haus in Fès zu besuchen. Er empfing mich ohne viele Fragen, wies mir ein flaches Polster in seinem großen, kahlen Zimmer als Platz an, nahm ein altes arabisches Buch zur Hand und begann, mir daraus über die Wiederkunft Christi am Ende der Zeiten vorzulesen. Da ich ihm schräg gegenübersaß und er seine Kapuze zurückgeschlagen hatte, konnte ich ohne Scheu sei edles, schon greises Antlitz betrachten.

Mulay 'Alī war wider Erwarten bereit, den Studenten aus Basel in die Grundlagen des arabischen Wissens und der islamischen Mystik einzuführen. Offenbar verfügte Titus Burckhardt über die innere Begabung und Disposition, die nach Auffassung der Sufi-Meister unabdingbar ist, um das innere Wissen – es wird auch als »geistige Tugend« bezeichnet – zu erlangen. Oft lud Mulay 'Alī seinen Schüler in einen Obstgarten ein, der außerhalb der Stadtmauern lag.

Dort unterrichtete er ihn, unter einem Feigenbaum auf einem roten Filzteppich sitzend, in der sufischen Überlieferung; ein Bild, wie es auf alten Miniaturen hundertfach festgehalten ist. Mulay 'Alī war auch Professor und lehrte an der Hochschule und Moschee Quaraouiyine. Tag für Tag traf er sich mit seinen Studenten im weiträumigen Gebetssaal zu einem mittelalterlich anmutenden Unterrichtsgespräch. Der Professor lehnte sich dabei mit dem Rücken an einen Pfeiler, während sich die Studenten im Halbkreis um ihn herum gruppierten. Am Mittag, so beschreibt Burckhardt, wartete jeweils ein Bursche mit einem rot gesattelten Maultier, um den Universitätslehrer nach Hause zu bringen. Da die Zeiten den sufischen Traditionen nicht günstig gestimmt waren, konnte der Weise sein inneres Wissen nur am Rande des Unterrichts an seine

Studenten weitergeben. Doch seine Ausstrahlung muss so stark gewesen sein, dass sich kaum jemand ihr entziehen konnte.

> Wenn die Zuhörer weggegangen waren, blieb er manchmal allein eine Weile lang mit dem Gesicht in Richtung Mekka gewandt sitzen. Dann versank sein Ausdruck nach innen; seine Haut wurde glatt und hell wie Wachs; die Kanten seiner Knochen zeichneten sich schärfer ab. Dunkel geweitet, wie von einer verdeckten Glut, blickten seine Augen in die Ferne. Er war jetzt sichtlich dem Tod näher als der Umwelt. Er saß aufrecht da, fast unbeweglich, nur ein kaum sichtbares, rasches Schwingen war in seinem Rumpf, als antworte dieser einer bebenden Säule von Licht, die um ihn herum gen Himmel anstieg.

Titus Burckhardt war realistisch genug zu erkennen, dass diese spirituelle Welt, zu der er mit Hilfe seines Meisters vorgestoßen war, ebenso bedroht war wie die einmalige Lebensform, die sich innerhalb der alten Mauern von Fès weitgehend erhalten hatte. Auch in Marokko, das sich während Jahrhunderten von der Außenwelt abgekapselt hatte, schlichen sich nun die prägenden Kräfte des zwanzigsten Jahrhunderts untergründig ein. Noch gab es auf dem Land die jährlichen Wallfahrten zu Ehren eines Marabouts, bei denen sich die Mitglieder von Bruderschaften kollektiv in Ekstase versetzten. Noch gab es in Fès Handwerker, die in ihren traditionellen Tätigkeiten eine spirituelle Dimension erkannten und um keinen Lohn eine Maschinenarbeit verrichtet hätten. Noch lebten in der Stadt »Gottesnarren«, die ihr bürgerliches Leben aufgegeben hatten und ein Leben in Armut führten, weil sie glaubten, nur so Gott dienen und begegnen zu können. Noch wagte kein ehrbarer Marokkaner, sich in europäischer Kleidung zu zeigen.

Doch die Zeichen einer neuen Zeit waren bereits unübersehbar; und die französischen Protektoratsherren waren ihre selbstsicheren und oft arroganten Vertreter. Diesen war der Schweizer Student, der sich wie ein Fisch im Wasser unter den Einheimischen bewegte, ein Dorn im Auge. Nur Spionageabsichten konnten in ihren Augen ein solches Verhalten erklären. Ende 1934 wurde Burckhardt kurzerhand des Landes verwiesen. Eine persönliche Sinnsuche und ein ambitioniertes Forschungsprojekt fanden damit ein abruptes Ende.

Mit seiner Frau Edith

Gründung einer Sufi-Bruderschaft in Basel

Die Ausweisung aus Marokko muss für Burckhardt ein schwerer Schlag gewesen sein. Zurück in der Schweiz, fand er sich in einem geistigen Klima wieder, das zunehmend von Abschottung und Betonung nationaler Werte geprägt war. Für den geistigen Weg, den er aus freien Stücken gewählt hatte, brachte hierzulande kaum jemand Verständnis auf. Ja, noch mehr: Ein zum Islam konvertierter Schweizer hätte in dieser Zeit mit Sicherheit öffentliche Anfeindungen riskiert.

Trotz dieser schwierigen Umstände ging Titus Burckhardt seinen Weg mit großer Entschlossenheit weiter. An der hiesigen Universität nahm er ein Studium in Kunstgeschichte und Islamwissenschaft auf und erweiterte auf diese Weise sein Wissen, das er sich in den zwei Jahren in Fès angeeignet hatte. Doch auch seine spirituelle Suche ging weiter: Zusammen mit einem kleinen Kreis von Freunden gründete er in Basel eine *ṭarīqa,* eine Sufi-Bruderschaft. Zu ihnen gehörte auch der spätere Metaphysiker und Schriftsteller Frithjof Schuon, mit dem Burckhardt das Humanistische Gymnasium besuchte hatte. Ein Ableger dieser *ṭarīqa* – es handelte sich um eine der ersten in ganz Europa – existiert in Basel bis auf den heutigen Tag.

Trotz dieser großen Diskretion sickerte in der nächsten Umgebung Burckhardts langsam durch, welchen geistigen Weg der Student eingeschlagen hatte. Zwar war schon der Vater, der Bildhauer Carl Burckhardt, in den Augen der guten Basler Gesellschaft ein Außenseiter gewesen. Doch Titus' Bekehrung zum Islam stellte für die im Protestantismus verwurzelte Großfamilie Burckhardt eine Provokation dar, die auf schroffes Unverständnis stieß. Es scheint, als habe man ihm diesen Tabubruch auch später, als er international zu Ehren kam, nie ganz verziehen. Als Titus Burckhardt im Januar 1984 starb, erschien nur ein kleiner Nachruf in der *Basler Zeitung,* und im Basler Stadtbuch oder der Burckhardtschen Familienchronik sucht man vergebens nach einem Eintrag. Der Weltbürger Burckhardt war in seiner Heimatstadt in Vergessenheit geraten.

Erfolgreicher Verleger und Autor

1939 heiratete Burckhardt die aus einer bekannten Verlegerfamilie stammende Edith Gonin, die heute noch hochbetagt in der Nähe von Lausanne lebt. Zur selben Zeit erhielt er auch eine berufliche Chance, die er sogleich wahrnahm: den Aufbau einer Kunstabteilung für den in Olten beheimateten Walter-Verlag. Es war die Geburtsstunde des Urs-Graf-Verlags, den Burckhardt später als eigenständigen Verlag weiterführte und der in Fachkreisen schon bald einen hervorragenden Ruf genoss. Burckhardt betätigte sich aber auch als Autor; bereits im Jahr 1940 verarbeitete er seine Erfahrungen in Fès im Buch *Land am Rande der Zeit,* das bis heute äußerst lesenswert geblieben ist. Genau zwanzig Jahre später erschien schließlich in der von Burckhardt konzipierten Reihe »Stätten des Geistes«, sein Werk über Fès, das ebenfalls zu den Klassikern der deutschsprachigen Literatur über Marokko zählt.

Es ist an dieser Stelle nicht möglich, das reichhaltige verlegerische und schriftstellerische Werk Burckhardts zu würdigen. Von Interesse in diesem Zusammenhang ist aber sicher der Umstand, dass der Urs-Graf-Verlag durch die Faksimileausgaben von mittelalterlichen Handschriften internationale Anerkennung fand; so konnte der Muslim Burckhardt dem Papst Pius XII persönlich ein Exemplar eines mittelalterlichen Evangeliars überreichen.

In den Fünfziger- und Sechzigerjahren konzentrierte sich Burckhardt zunehmend auf seine schriftstellerische Tätigkeit. An seinem letzten Wohnort in der Nähe von Lausanne entstanden zahlreiche Werke, die von Kennern heute noch hoch geschätzt werden. Dazu gehören die Bücher *Vom Sufitum – Einführung in die Mystik des Islam, Vom Wesen heiliger Kunst in den Weltreligionen, Die maurische Kultur in Spanien* und andere. Er schrieb auch zahlreiche bedeutende Artikel für Zeitschriften in verschiedenen Sprachen.

Besonders erwähnenswert sind seine kommentierten Übersetzungen von Werken der berühmten islamischen Mystiker 'Abd al-Karīm al-Dschīlī und Muhyīddīn Ibn 'Arabī, eine gigantische Leistung, zählen doch diese Werke zu den schwierigsten der ganzen arabischen Literatur. Sie entziehen sich – wie die gesamte mystische Literatur – dem flüchtigen Blick und sind wohl nur zugänglich für Suchende, welche sich während langen Jahren oder Jahrzehnten auf einem inneren Weg befinden. Eine gewisse Ahnung von den Dimensionen dieser Welt vermögen aber die Fotografien von Burckhardt aus den Dreißigerjahren zu vermitteln, mit denen er seine Bücher über Marokko illustrierte.

Rettung für eine kranke Stadt

Fast genau vierzig Jahre nach seiner schicksalhaften Begegnung mit Fès, die sein Leben in hohem Maß bestimmen sollte, geriet Burckhardt erneut in einen engen Kontakt mit dieser Stadt, die er stets als Gesamtkunstwerk und als Modell für eine menschengerechte Stadt empfunden hatte. Es war im Sommer 1971, als ihn sein langjähriger Freund Jean-Louis Michon, der als Islamwissenschaftler und Übersetzer in Genf für internationale Organisationen wirkte, mit einem außergewöhnlichen Anliegen an ihn herantrat. Burckhardt sollte im Auftrag der marokkanischen Regierung und der Unesco ein Inventar der Kunstdenkmäler der einzigartigen Altstadt von Fès erarbeiten. Obwohl er schon über sechzig war, zögerte Burckhardt nicht lange und nahm den anspruchsvollen Auftrag an; seine Liebe zu dieser Stadt überwog gesundheitliche und familiäre Bedenken. Im Frühjahr 1972 zog er zusammen mit seiner Frau Edith nach Fès und nahm die Arbeit auf. Während fünf Jahren widmete er sich fast allein mit ungeheurem Einsatz dieser schwierigen und anspruchsvollen Aufgabe, während Michon Inventare in anderen Regionen Marokkos erstellte. Die ersten drei Jahre stand die Inventarisierung der wertvollsten Baudenkmäler, der Moscheen, Medresen, Karawansereien und prächtigen Hofhäuser im Vordergrund. Tag für Tag zog Burckhardt mit einer Mappe voller Pläne, mit Zeichenstift, Papier und Fotoapparat aus und hielt den architektonischen Reichtum der vom Zerfall bedrohten Altstadt fest. Auf Vorschlag Burckhardts hin beschloss die Unesco ab 1975 ein erweitertes stadtplanerisches Projekt zur Erhaltung der Medina von Fès ins Leben zu rufen, wodurch Burckhardt Zuzug von anderen Fachkräften erhielt. Entsprechend seinem eigenen Willen war er zwar nicht der administrative Leiter des Unesco-Projekts; doch das ganze Team habe ihn aufgrund seines immensen Wissens und seiner natürlichen Autorität als Nestor, als Vordenker und geistigen Leiter angesehen, erinnert sich Stefano Bianca, der während drei Jahren als Urbanist an diesem Projekt mitwirkte.

Anfang 1978 lief das Mandat des Unesco-Teams aus, und Burckhardt kehrte an den Genfersee zurück. Doch die zahlreichen Maßnahmen, die Burckhardt und sein Mitstreiter der marokkanischen Regierung zur baldigen Umsetzung empfohlen hatten, ließen auf sich warten. Mangelnder politischer Wille, eine schwerfällige Bürokratie, Rivalitäten und andere Faktoren führten dazu, dass während einiger Jahre kaum etwas geschah. Zwar wurde der Entscheid der Unesco, Fès 1980 auf die Liste der Weltkulturgüter zu setzen, mit großem Pomp begangen, und Burckhardt nahm als Ehrengast an den Feierlichkeiten teil, doch seinen Freunden gegenüber hat er seine Enttäuschung über den schleppenden Gang der Dinge in Fès bitter beklagt. Die zaghaften Schritte, die Jahre später dennoch unternommen wurden, konnte Burckhardt nicht mehr erleben. Er verstarb im Alter von fünfundsiebzig Jahren in seinem Heim in der Nähe von Lausanne.

Schwärmerisches Islambild?

Aus heutiger Sicht stellt sich die Frage, ob Burckhardt nicht ein etwas schwärmerisches und unkritisches Bild der arabisch-islamischen Zivilisation gehabt habe. In der Tat ist von den zahlreichen Missständen, unter welchen dieser Weltkreis schon zu Burckhardts

Zeiten gelitten hat, bei ihm kaum die Rede. Von Tyrannenherrschaft, Willkür, Korruption oder fehlender Demokratie finden sich kaum Spuren in seinen Büchern. Burckhardt interessierte sich wohl wenig für diesen Aspekt der Realität; sein ganzes Interesse galt einer anderen Sphäre. Allerdings darf nicht übersehen werden, dass Marokko wie auch die anderen arabischen Länder noch vor einer Generation wesentlich mehr in sich gefestigt und weit weniger zerrissen waren, als sie dies heute sind. Die radikal-islamistischen Bewegungen, welche seit einigen Jahren im Westen ein Zerrbild eines fanatischen und intoleranten Islams vermitteln, waren damals noch inexistent oder aber bloß Randerscheinungen. Von dieser Seite erwächst heute dem mystischen Islam eine starke Gegnerschaft, und im puritanisch-strengen Saudi-Arabien sind die Werke Ibn 'Arabīs gar verboten. Mit den militanten Fundamentalisten hatte der Weltbürger und Mystiker Burckhardt, der sich auch für die Kathedrale von Chartres oder hinduistische Kunst begeistern konnte, auf jeden Fall nichts am Hut gehabt.

Burckhardt-Revival in Marokko

Auch in Marokko ist Burckhardt weitherum in Vergessenheit geraten. Von offizieller marokkanischer Seite hat man allzu häufig seine großen Verdienste um die Erhaltung des Altstadt von Fès ignoriert oder bewusst heruntergespielt. Einer französischen Studentin, die an einer Dissertation über die Medina von Fès arbeitete, habe man an Ort und Stelle den Namen von Burckhardt konsequent verschwiegen, berichtet etwa Jean-Louis Michon, obwohl er stets unbestritten der geistige Kopf des gesamten Projekts gewesen sei. Man kann dies vielleicht als Reflex eines Volkes verstehen, das nach einer traumatisierenden Erfahrung mit Fremdherrschaft eine Einmischung in seine kulturellen Angelegenheiten möglichst ausschalten will; das Unrecht wird dadurch nicht gutgemacht.

Doch in letzter Zeit scheint man sich auch in Marokko vermehrt auf die Verdienste des Basler Gelehrten zu besinnen. Ein Kreis von Intellektuellen in Marrakesch, der sich *Dīvān al-Ādāb* nennt und jedes Frühjahr ein Kolloquium zu einem kulturellen Thema organisiert, will Person und Werk Titus Burckhardts einer breiteren Öffentlichkeit bekanntmachen. Die nächste Veranstaltung dieser Reihe steht unter dem Thema *«Sagesse et Arts Tradi-*

tionnels en Islam» und ist Titus Burckhardt gewidmet. Zwei Dutzend Forscher aus aller Welt werden über das Werk von Burckhardt und über die Themen, die ihn sein Leben lang beschäftigten, debattieren. Wenn alles plangemäß läuft, werden sich die Gelehrten in einem prächtigen Hofhaus im Herzen der Altstadt treffen, das gegenwärtig von einer privaten Kulturstiftung mit Sitz in Basel restauriert wird. An der Symbolik dieses Ortes – es ist das ehemalige »Storchenspital« – wie auch an der Zielsetzung der Stiftung hätte Titus Burckhardt zweifellos seine Freude gehabt. Damit schließt sich auf unerwartete Weise der Kreis des zu Unrecht vergessenen Basler Weltbürgers.

Fotos © Privatarchiv Titus Burckhardt / World Wisdom Inc.

Glossar und Register

E

F

I

J

K

L

N

R

T

U

Y

Z

Der Chalice Verlag widmet sich
der Publikation von wertvollen Texten
aus verschiedenen spirituellen Traditionen

Unser Verlagsprogramm und weitere Informationen
finden Sie auf unserer Webseite

www.chalice-verlag.com

»Komm, komm, wer immer du bist…« Das Lebenswerk von Dschalāl ad-Dīn Rūmī (1207–1273), des wohl bekanntesten Vertreters des Sufismus und, neben Hafis, bedeutendsten Dichters persischer Sprache, ist eine Verstand und Herz ergreifende Einladung, die vielfarbige Schönheit und spirituelle Tiefe der islamischen Mystik kennenzulernen. Ob in seinem berühmten Lehrgedicht *Masnawī,* in seinen philosophisch-theosophischen Prosaschriften oder in der auf ihn zurückgehenden Drehtanz-Zeremonie der Mevlevi-Derwische – Rūmīs unerschöpfliche Kreativität ist ein permanentes Umkreisen des Geheimnisses von Gott, dem Geliebten und der Liebe. Wie nachhaltig sein Wirken konfessionelle Schranken und kulturelle Epochen überwand, demonstrieren die Tausenden von Trauernden aus allen Religionsgemeinschaften, die bei der Beisetzung im türkischen Konya an seinem Sarg vorüberzogen, wie auch die Tatsache, dass er noch heute als einer der meistgelesenen Poeten in den Vereinigten Staaten gilt. In dieser exzellenten Biografie zeichnet die renommierte Sufismus-Kennerin ein überzeugendes Bild von Leben und Werk des großen Mystikers und seiner historischen, politischen, kulturellen und theologischen Hintergründe. Sie lässt uns eintauchen in seine Liebes- und Glaubenseinsichten, die sie mit einer exquisiten Auswahl seiner wundervollen Texte illustriert. Entzückt lauschen wir Rūmīs Sehnsuchtsmelodien nach der Einheit und lassen uns in den Bann seiner Gottesfreude ziehen.

ISBN 978-3-942914-19-2
228 Seiten

Wie können wir auf der Suche nach Selbsterkenntnis das Einssein verwirklichen und uns der Einheit des Seins bewusst werden, wie sie insbesondere vom andalusischen Sufi Muḥyīddīn Ibn ʿArabī gelehrt wurde? Der türkische Mystiker Bülent Rauf (1911–1987), vielen Lesern bislang bekannt als die eindrückliche Figur »Hamid« aus dem autobiografischen Roman *Die letzte Schranke – Ich ging den Weg des Derwischs* von Reshad Feild, widmete Jahrzehnte seines Lebens der theoretischen Auslegung und praktischen Vermittlung dieses Wissens. Die von ihm 1975 gegründete Beshara-Schule für intensive esoterische Erziehung in Schottland haben seither Hunderte von Menschen aus aller Welt besucht, um durch gemeinsames Studium und ganzheitliche Zusammenarbeit auf diesem formlosen, nicht religionsgebundenen Erkenntnisweg voranzukommen. Seine hier erstmals auf Deutsch vorliegenden Schriften versammeln erhellende Studientexte zu Grundfragen des Sufismus ebenso wie Interviews und Artikel rund um die Themen gelebte Spiritualität und Selbstvervollkommnung. Weitere autobiografische, historische und kulinarische Texte entführen uns in Bülent Raufs Jugendjahre in Istanbul und Ägypten kurz vor dem Untergang des Osmanischen Reiches, in die Blütezeit des Sufismus in Indien sowie in die türkische Küche, deren Geheimnisse dieser weise Gelehrte, der auch ein begnadeter Koch war, kenntnisreich und unterhaltsam zu schildern versteht.

ISBN 978-3-942914-23-9
216 Seiten

Seit seiner Hinrichtung durch religiöse Fanatiker in Bagdad im Jahr 922 haben Botschaft und Schicksal des persischen Sufis Manṣūr al-Ḥallādsch nicht aufgehört, die Menschen zu bewegen. Bis in unsere Zeit lauschen Erkenntnissucher, die den Irrweg der Trennung verlassen wollen, seinen ergreifenden Bezeugungen der Einheit Gottes, seinem sehnsüchtigen Rufen nach Vereinigung mit diesem *einen einzigen* Geliebten und dem aufweckenden Klang seiner teils provozierenden Forderungen nach radikaler Verinnerlichung des Glaubens. Auch wenn seine oft rätselhaften Gedichtzeilen, wie »mein Tod ist in der Religion des Kreuzes«, von der modernen Islamforschung nicht länger als versteckte Bekenntnisse zum Christentum interpretiert werden, zeugen sie von der Tiefe einer mystischen Erfahrung, welche die ›religiöse Korrektheit‹ der doktrinären Intoleranz aller Zeiten durchbricht. Für seine berühmte Aussage *ana'l-Ḥaqq* (»Ich bin die schöpferische Wahrheit«) und seine Überzeugungen, wie etwa ein gutes Werk sei wichtiger als die Pilgerfahrt, wurde Ḥallādsch vom frömmlerischen Establishment als Gotteslästerer verurteilt – während doch jeder seiner Verse von seiner aufrichtigen Gottesliebe spricht, in deren Ekstase die Getrenntheit von Ich und Du zwischen Wirklichkeit und Wahrheit verwischt. Die weltbekannte Orientalistin Annemarie Schimmel präsentiert hier die schönsten Texte des Mystikers und Märtyrers sowie eine kenntnisreiche Darstellung seines Lebens und Denkens.

ISBN 978-3-942914-18-5
176 Seiten

»Ich sah dich nicht auf meinem Weg. Gibt es da noch einen anderen Pfad?« // »Ein jeder hat seinen Weg, den niemand sonst als nur er beschreitet.« // »Und wo befinden sich diese verschiedenen Wege?« // »Sie entstehen durch das Reisen selbst.«

Zwei Texte Ibn 'Arabīṣ, die – in Anspielung auf die berühmte »nächtliche Reise« oder Himmelfahrt des Propheten Mohammed – die Umstände und Erfahrungen des völligen Aufgehens in Gott beschreiben. Ibn 'Arabīs Bearbeitung dieses Themas widerspiegelt seinen besonderen Zugang zum Koran und den Hadithen wie auch die ganze Spannweite seiner metaphysisch-theologischen Lehren und seines Interesses an praktischer Spiritualität.

Im engeren Sinn eine Erläuterung von *khalwa,* einer Sufi-Übung zur Erlangung der Gegenwart Gottes durch absolute Aufgabe der Welt, beschreibt die *Reise zum Herrn der Macht* den geistigen Aufstieg durch alle Stufen der Existenz bis hin zur Göttlichen Gegenwart. Ibn 'Arabī ruft den, der den mystischen Weg der Sufis gehen will, dazu auf, sein Herz zu reinigen und eins zu werden mit seiner inneren Essenz. Mit großer Klarheit und der Überzeugungskraft autobiografischer Passagen schildert Ibn 'Arabī die Erfahrung seiner eigenen Himmelfahrt auch im Text *Meine Reise verlief nur in mir selbst,* einer hier erstmals auf Deutsch vorliegenden, kommentierten Übersetzung des Kapitels 367 aus seinen umfangreichen *Futuhat al-Makkiyah.*

ISBN 978-3-905272-73-4
164 Seiten

Warum wird Mohammed »Siegel der Propheten« genannt? Was ist die spirituelle Bedeutung von Jesus? Worin besteht die Verbindung der Heiligen und Gesandten aller Völker im Licht der absoluten Einheit aller Existenz? Dies sind nur einige der Fragen, die Muḥyīddīn Ibn ʿArabī mit seiner visionären Einsicht und unvergleichlichen Darstellungskraft beantwortete. Bekannt als *ash-Shaykh al-Akbar,* der »Größte Meister«, gilt der anadalusische Sufi für viele als der bedeutendste Mystiker und Denker in der Geschichte des Islams. Die Wirkung seines enormen Lebenswerks auf Philosophie, Theologie und die Entwicklung der islamischen Spiritualität hallt noch heute unüberhörbar nach. Der in Murcia geborene und in Damaskus begrabene Ibn ʿArabī vereint wie niemand vor oder nach ihm die Weisheiten des Westens und des Ostens in einem ganzheitlichen Bild des Menschen als Krönung einer auf Liebe und Barmherzigkeit beruhenden Schöpfung. Sein tiefes Verständnis der gemeinsamen Wurzeln der abrahamitischen Religionen und der vielfältigen Berührungspunkte ihrer Propheten Moses, Jesus und Mohammed birgt ein unschätzbares Potenzial für den interkulturellen Dialog und die zwischenreligiöse Verständigung. Das vorliegende Buch füllt eine Lücke in der deutschsprachigen Literatur über diesen epochalen Mystiker. Mit ausführlichen Zitaten, luzider Darlegung seiner Grundgedanken und reichem Fotomaterial ist Stephen Hirtenstein ein biografisches Meisterwerk gelungen.

ISBN 978-3-905272-79-6
420 Seiten

Im spirituellen Schrifttum des Islams stellt die *Abhandlung über die Liebe* einen Höhepunkt dar; sie ist im Ganzen wie im Detail ein vollendetes Meisterwerk. Alles, was vor Ibn 'Arabī zu diesem, insbesondere für das esoterische Verständnis des Korans so zentralen Thema gesagt wurde, fasst der »Größte Meister« hier zusammen, geht aber noch weit darüber hinaus. Kein spiritueller Lehrer hat seither derart wirklichkeitsgetreue, ursprüngliche, tiefgründige und vollständige Sichtweisen auf das Wesen und die Essenz der Liebe dargestellt.

In dem hier zum ersten Mal auf Deutsch vorliegenden Kapitel 178 seiner umfangreichen *Mekkanischen Eröffnungen* beleuchtet der »Lehrer der Sufis« alle Formen der Liebe, die natürliche oder physische, die spirituelle und die Göttliche. Die falsche, im Westen – heutzutage wie auch in der Vergangenheit – verbreitete Meinung, der Islam sei lediglich eine Religion der Strenge und formaler Vorschriften, in der Göttliche Transzendenz alles derart aufsauge, dass ein menschliches Wesen nicht einmal mehr an der Liebe teilhaben könne, wird hier mit großer Einblickskraft in die tiefsten Zusammenhänge und in poetischer Sprache richtiggestellt.

ISBN 978-3-905272-74-1
280 Seiten

Die Weisheit der Propheten (Fuṣūṣ al-Ḥikam) ist eines der populärsten Werke von Muḥyīddīn Ibn ʻArabī und handelt von der einen grenzenlosen Weisheit, die gleichzeitig einzigartig in sich selbst ist und vielgestaltig in ihrer Verkörperung durch die Linie der Propheten: von »der Göttlichen Weisheit im Wort Adams« über »die Weisheit selbstverlorener Liebe im Wort Abrahams«, »die erhabene Weisheit im Wort von Moses« und »die Weisheit der Weissagung im Wort von Jesus« bis hin zur »Weisheit der Einzigartigkeit im Wort von Mohammed«. Dieses außergewöhnliche Werk ist ebenso eine Darlegung der innersten Bedeutung der Existenz des Menschen und seiner Fähigkeit zur Vervollkommnung wie auch eine esoterische Auslegung des Korans und wirft ein erhellendes Licht auf die gemeinsame innere Essenz aller drei abrahamitischen Religionen. Es vermittelt eine Botschaft, der gerade in Zeiten aufkeimender religiöser Intoleranz und fundamentalistischer Verblendung ein unschätzbares Potenzial für die interkulturelle Verständigung innewohnt.

»Auf diese Weise verlangte die Göttliche Ordnung nach der Klärung des Spiegels der Welt; und Adam wurde zur Klarheit dieses Spiegels und zum Geiste dieser Form selbst [...] und wurde ›Mensch‹ und ›Stellvertreter Gottes‹ genannt.«

ISBN 978-3-905272-71-0
178 Seiten

Ein Schatz tiefer Einsichten aus spiritueller Perspektive in das große Mysterium des Atems. Inspirierende Vorträge, praktische Übungsanleitungen und eine Auswahl poetischer Texte aus unterschiedlichsten Traditionen laden uns ein, den Atem als Wunder auf vielen Ebenen zu erforschen.

Was ist dieser Atem? Welche Bedeutung liegt in diesem Leben spendenden Geheimnis? Wie wichtig ist das bewusste Atmen für echte spirituelle Transformation? Was sagt uns die Tatsache, dass unser Leben all seine Möglichkeiten zwischen einem Einatmen und einem Ausatmen entfaltet? Wie hängt das alles mit dem Rhythmus des Universums und der Zeit zusammen? Welche Rolle spielt der Atem im »Werden des Seins« aus dem immerwährenden »Schoß des Augenblicks«? Wie können wir Nahrung einatmen und sie ins alchimistische Exilier destillieren, das wir für die nachhaltige Verwandlung unseres Lebens brauchen? Wie können wir ausatmen, um die Atmosphäre in einem Raum oder in einer Situation zu verändern, in Verantwortung für unsere Mitmenschen und für die »kommende Welt«? Was könnte es bedeuten, dass Jesus »auf dem Wasser wandelte« und dass »Atem und Geist eins sind«? Welches ist die esoterische Beziehung zwischen Maria, Jesus, dem Geist Gottes, *Ruh Allāh,* und Christus?

Vor dem Hintergrund seines lebenslangen Studiums der inneren Essenz der Sufi-Lehren liefert uns der Autor Gedankenanstöße und praktische Tipps zur Atemarbeit in unserem Alltag.

ISBN 978-3-942914-09-3
172 Seiten

Der erste Teil der autobiografischen Trilogie von Reshad Feild: ein echter Klassiker der modernen spirituellen Literatur und eines der großen Selbstzeugnisse mystischer Sinnsuche, das in den vergangenen vierzig Jahren weltweit Hunderttausende von Lesern beeindruckt hat.

In dieser packend erzählten Geschichte begleiten wir einen jungen Engländer auf seiner abenteuerlichen Suche nach der wirklichen Bedeutung des Lebens und den allerletzten Wahrheiten. Unter der Führung des geheimnisvollen Antiquitätenhändlers Hamid, der sich im Laufe dieses ›metaphysischen Roadmovies‹ als ein strenger spiritueller Lehrer entpuppt, entwickelt sich Reshads Interesse an den Derwischen des Nahen Ostens zu einer äußeren wie inneren Entdeckungsreise zu heiligen Stätten, weisen Menschen und tiefen Einsichten in die Wirklichkeit der Welt. Unter härtesten Prüfungen, die sein westliches Denken erschüttern, wird er in die inneren Lehren des Sufismus eingeführt und mit den Geheimnissen des Atems, der spirituellen Bedeutung der Jungfrau Maria und den gemeinsamen Wurzeln der jüdischen, christlichen und islamischen Traditionen vertraut gemacht. Schritt für Schritt beginnt er, die Heiligkeit allen Lebens zu verstehen, und erfährt die Liebe als die Erste Ursache der Schöpfung, bevor ihm schließlich die Erkenntnis der Einheit des Seins gewährt wird.

»Eine eloquente Orchestrierung, die von sehr hoher Kreativität zeugt« (*The Times*). »Wenn Sie sich für die Weisheit dieses Buches öffnen, wird es Ihr Leben verändern« (Ellen Burstyn).

ISBN 978-3-942914-11-6
216 Seiten

Guter Geschmack will gelernt sein: *Le bon-goût s'apprend.* Das gilt insbesondere für das spirituelle Schmecken der Einheit des Seins. In dieser einzigartigen Anthologie beschreiben liebestrunkene Sufis, wahrheitshungrige Gnostiker, erkenntnisdurstige Geisterseher und verschmitzt-weise Skandalgurus, hingebungsvolle Brotbäcker, humorbegnadete Geschichtenerzähler, ägäisverzauberte Lebensreisende und extremfastende Meisterspione Möglichkeiten und Wege, das Feine vom Groben zu unterscheiden, das Obere mit dem Unteren zu verbinden und so die scheinbare Trennlinie zwischen dem Körperlichen und dem Spirituellen zu überwinden. Wenn wir die ›Küchenarbeit an uns selbst‹ in der richtigen, nämlich dienenden Haltung angehen, kultivieren wir in uns diesen guten, feinen Geschmack für die Nähe Gottes. Bewusstes Kochen und Gekochtwerden lässt uns die Heiligkeit in der Transformation von Äußerem und Innerem entdecken.

Neben Ausgesuchtem von Jalaluddin Rumi, Bahauddin Walad, Hafis, Khalil Gibran, Bülent Rauf, Reshad Feild, Muzaffer Ozak, G.I. Gurdjieff, P.D. Ouspensky, Idries Shah, Osho, Scotus Eriugena, Emanuel Swedenborg oder Henry Miller finden sich hier zum ersten Mal auf Deutsch vorliegende Trouvaillen von Annemarie Schimmel, Muhyiddin Ibn Arabi, John G. Bennett, Christopher Bamford und Paul Dukes.

ISBN 978-3-942914-20-8
324 Seiten

Ein mutiger Glaube erfordert einen großen Gott. In welche beschränkten Vorstellungen und Konzepte haben Sie das Göttliche eingesperrt? Falls Ihre Beziehung zu Gott distanziert oder beiläufig und Ihre Erfahrung des Göttlichen im Leben lau oder berechenbar geworden sind, lädt Paul Coutinho Sie ein, daran zu glauben, dass Gott größer ist – viel, viel größer! Jenseits von theologischem Dogmatismus und konfessioneller Schrebergärtnerei ist dieses Buch eine grandiose Aufforderung, in unserem Glauben tiefer zu leben und stärker zu wachsen, indem wir einen Gott umarmen, Dessen Liebe wahrhaftig keine Schranken kennt. Der aus Indien stammende und in den USA lehrende Priester, Psychologe und Theologe begeistert mit seinen Schriften und Vorträgen, die sich – mit einem östlichen Blick auf unsere westliche Spiritualität – der unermüdlichen Suche des Herzens nach dem Göttlichen widmen und unserem Verlangen, das Leben in seiner ganzen Fülle zu erfahren. *Wie groß ist dein Gott?* ist ein wunderbarer Wegweiser aus engen Bachläufen hinaus in den Fluss des Lebens und ins offene Meer des Göttlichen. Der Autor ermutigt uns mit aus dem Leben gegriffenen Geschichten, einer guten Prise Humor und wertvollen Inspirationen für unseren persönlichen Alltag, Herz und Verstand zu gebrauchen, sodass wir die unermessliche Weite Gottes erfahren können. Wir beginnen zu erkennen, dass eine immer tiefere Beziehung mit dem Göttlichen der wahre Zweck jeglicher Religion ist.

ISBN 978-3-942914-24-6
172 Seiten